SERVIÇO SOCIAL DO COMÉRCIO
Administração Regional no Estado de São Paulo

Presidente do Conselho Regional
Abram Szajman
Diretor Regional
Danilo Santos de Miranda

Conselho Editorial
Ivan Giannini
Joel Naimayer Padula
Luiz Deoclécio Massaro Galina
Sérgio José Battistelli

Edições Sesc São Paulo
Gerente Iã Paulo Ribeiro
Gerente adjunta Isabel M. M. Alexandre
Coordenação editorial Clívia Ramiro, Cristianne Lameirinha, Francis Manzoni, Jefferson Alves de Lima
Produção editorial Antonio Carlos Vilela
Coordenação gráfica Katia Verissimo
Produção gráfica Fabio Pinotti, Ricardo Kawazu
Coordenação de comunicação Bruna Zarnoviec Daniel

NO HORIZONTE DO BOM SENSO

Aforismos

LADISLAU DOWBOR

© Ladislau Dowbor, 2022
© Edições Sesc São Paulo, 2022
Todos os direitos reservados

Preparação André Albert
Revisão Sílvia Balderama Nara, Maiara Gouveia
Capa e projeto gráfico André Hellmeister / Estúdio Collages
Diagramação Thais Ventura

Dados Internacionais de Catalogação na Publicação (CIP)

D744n	Dowbor, Ladislau
	No horizonte do bom senso: aforismos / Ladislau Dowbor. – São Paulo: Edições Sesc São Paulo, 2022. – 140 p.
	ISBN: 978-65-86111-95-8
	1. Aforismos. 2. Ladislau Dowbor. 3. Economia. 4. Política. 5. Democracia. 6. Cidadania. 7. Filosofia. 8. Crítica. 9. Diversidade. I. Título.
	CDD 869.9108

Ficha catalográfica elaborada por Maria Delcina Feitosa CRB/8-6187

Edições Sesc São Paulo
Rua Serra da Bocaina, 570 – 11º andar
03174-000 – São Paulo SP Brasil
Tel. 55 11 2607-9400
edicoes@sescsp.org.br
sescsp.org.br/edicoes

/edicoessescsp

APRESENTAÇÃO

Ao longo de sua história, a escrita conta com o surgimento de uma profusão de formas atreladas à amplidão de campos do saber e da atuação humana. São códigos lançados aos sabores de estruturas singulares, que trafegam por ideias e formulações e desembocam no universo do leitor, interlocutor substantivo nesse jogo que promove experiências e contribui decisivamente para a formação de subjetividades e de cidadãos.

De caráter conciso, o aforismo se trata de gênero textual que perpassa uma cronologia extensa e manifesta pensamentos morais ou práticos, em campos como as ciências médicas, a literatura e, sobretudo, a filosofia. Ao estimular uma espécie pungente de expressão-fruição, a partir de seu arranjo próprio, ainda hoje se localiza na obra de autores que tanto têm a nos dizer — e propor. Tal atualidade e vigor intelectual são motivos para as Edições Sesc inaugurarem uma linha editorial dedicada ao estilo, e com uma publicação que atesta tais aspectos como motor de uma produção compromissada com um amplo arco de questões. Do economista Ladislau Dowbor, *No horizonte do bom senso: aforismos* é título que traz escritos capazes de desvelar as razões, causas e possíveis respostas para um mundo em crise.

Neste novo livro, o incansável professor e autor usa a luz de um raro farol para iluminar os terrenos inabilmente divididos pelas supostas aspirações da vida contemporânea. Supostas porque atendem a uma pequena parcela da população, detentora do poder de decisão de dinâmicas que pouco servem ao conjunto plural que caracteriza, hoje, mais do que nunca, nossa sociedade. Mesmo organizados por temas, seus aforismos habitam esferas de um mesmo presente, exigente de novas abordagens e novos gestos.

Em coerência com sua biografia íntima ao ativismo, Dowbor atenta para a potência do pensamento, sua de-

mocratização e seu amadurecimento crítico – que gira em compasso com a rotação de uma morada composta por impasses e, certamente, por soluções. São dispositivos que propõem novos encontros com os leitores e buscam pavimentar caminhos que levem a horizontes nem tão longínquos, tampouco difíceis de imaginar, mas necessariamente comuns e justos.

Diante de uma realidade que convoca a colaboração de diferentes instâncias e atores, Ladislau Dowbor oferece esses aforismos como instrumentos de reflexão para concatenarmos um presente mais digno, assim como um porvir mais próspero. Dedicado ao bem-estar e à qualidade de vida, o Sesc compreende que livros como esse fornecem subsídios para o exercício da cidadania, ao mesmo tempo que desencadeiam processos de aprendizado, assim como de tomada de consciência, particulares da força do texto e suas inúmeras possibilidades.

Danilo Santos de Miranda
Diretor do Sesc São Paulo

Prefácio _ **12**

Introdução _ **24**

A pane social _ **30**

Irracionalidade humana _ **34**

Desafios da ética _ **42**

Bem-estar social _ **48**

Desafios da desigualdade _ **55**

Mundo das corporações _ **63**

O papel da economia _ **70**

O papel do Estado _ **80**

A deformação financeira _ **92**

O drama dos endividados _ **103**

Sociedade da informação _ **108**

Os desafios do trabalho _ **114**

Os desafios ambientais _ **119**

A farsa das narrativas _ **124**

As lições da pandemia _ **130**

À guisa de conclusão _ **135**

Sobre o autor _ **137**

PRE- FÁCIO

Ladislau Dowbor é, antes de tudo, um sonhador. Ele sonha com um mundo novo, em que as pessoas possam viver em coletividade, com suas necessidades atendidas, convivendo e se beneficiando da diversidade, ampliando suas capacidades e felizes. Como um sonhador, ele abraçou com paixão a missão de transformar a realidade. E é o que vem fazendo ao longo de seus 80 anos bem vividos.

Suas aulas, seus livros, suas palestras e *lives* são as ferramentas de seu trabalho. Com sua fala mansa, seu jeito brincalhão, suas ironias, ele expressa uma lúcida e contundente crítica ao capitalismo na sua forma atual, financeirizada, e às formas autoritárias dos governos que impõem sobre as maiorias a espoliação e a pobreza.

Ladislau continua dando suas aulas na PUC-SP e torna-se, cada vez mais, uma referência para os jovens que passam por seus cursos. Cuida desses jovens oferecendo-lhes não só sua análise sobre a realidade internacional e nacional, mas estimulando sua reflexão, indicando textos e bibliografias que estão disponíveis gratuitamente em seu site para todos que se interessarem em lê-los.

É uma percepção que partilha com Paulo Freire, de que as mudanças maiores começam com a transformação das pessoas, com a ampliação de seu universo de conhecimento, com o aprendizado do exercício da crítica.

Em seus mais de quarenta livros publicados, vamos encontrar sua abordagem, sempre didática, a respeito de uma grande variedade de temas, que vão da acurada análise da usura praticada pelos bancos e por todo o sistema financeiro, através de suas taxas de juros e *spreads*; dos processos sociais e econômicos que acentuam a desigualdade social, à discussão sobre a enorme crise ambiental que assola o planeta e atinge de uma maneira particular o Brasil e ao debate sobre a crise civilizatória que dá a marca do estágio atual do capitalismo.

Em sua visão de intelectual socialista, não podemos dizer que Ladislau é apenas um economista. Ao tratar da economia política — juntando a economia com a política —, ele vai ao centro das questões do poder.

Em suas análises há um ponto de inflexão na dinâmica do capitalismo atual com a crise de 2008. A partir daí, com a pressão das grandes corporações sobre os governos para que estes cubram com dinheiro público os enormes rombos no sistema financeiro privado — provenientes de uma especulação desenfreada —, o grande capital, especialmente os grandes bancos e fundos de investimento, controlou as democracias e passou a ditar as regras da distribuição das riquezas, assegurando uma lucratividade inédita, fruto da agenda neoliberal de políticas públicas que produzem desigualdades e espoliam as maiorias.

A crítica da decadente democracia liberal é a crítica de como as atuais instituições políticas não são mais capazes

de representar os interesses das maiorias e, ao se sujeitarem aos donos do dinheiro, como é o caso dos partidos que integram o chamado Centrão, reforçam seu caráter de defesa das classes dominantes e seus interesses. A democracia liberal se distancia do povo. Vale lembrar o comentário de um morador de favela do Rio de Janeiro: "Democracia? Nunca tivemos isso lá na favela".

Analisando esse modelo de democracia dominante, em que os donos do capital controlam o sistema político e elegem bancadas que não se regem pelo interesse público, mas pelo que aumenta os lucros de seus financiadores, Ladislau vai ao núcleo da questão: nossas sociedades substituíram a democracia efetiva, com participação cidadã nas decisões sobre políticas públicas, pela sociedade do controle, em que os dados pessoais de cada um são manipulados

para estimular o consumo e manter cada qual alienado de sua realidade e dos mecanismos de espoliação de que é vítima. Com clareza, ele aponta o dilema: ou a democracia passa a controlar os atores econômicos, ou os atores econômicos controlam a democracia. Simples assim.

A crítica ao sistema democrático atual coloca o desafio para a construção de uma nova e mais potente democracia, capaz de incorporar no processo de decisões as representações coletivas dos despossuídos e propor uma nova forma de convivência social, uma nova forma de organização da produção e do trabalho, uma nova sociedade.

Nessa altura, entra com vigor a discussão sobre o papel do Estado e a necessidade de tê-lo como indutor de um modelo de desenvolvimento e como regulador das atividades coletivas e da convivência social. Como pensar num

Estado mínimo, se precisamos de mais agentes de saúde e professores, por exemplo? Entra em discussão não o tamanho do Estado, mas suas atribuições em face do interesse comum.

Uma grande qualidade deste poderoso intelectual é sua linguagem simples, acessível a todos os mortais, desmistificadora dos "segredos técnicos", de uma linguagem cifrada que, na verdade, segundo ele, encobre as operações ideológicas que asseguram a continuidade das elites.

Ao lado da crítica social e política do que ele identifica como uma crise civilizatória, Ladislau reafirma a esperança e busca, nas experiências históricas que expressam um avanço da humanidade no caminho da superação desse capitalismo global e financeirizado, as referências para a construção de uma nova sociedade, mais justa, acolhedora e solidária.

Com seu eterno otimismo, mas mantendo um agudo olhar crítico, ele vai buscar inspiração nos relatos de experiências sobre o índice de felicidade interna bruta construído pelo Butão, no bem-viver dos povos indígenas andinos, nas reflexões sobre o *Welfare State*, sobre os direitos de todo ser humano, sobre a valorização dos bens comuns.

Ladislau é um intelectual reconhecido internacionalmente, com livros publicados em várias línguas e interlocução com centros de investigação e pesquisadores que se constituíram em referências para pensarmos o presente e o futuro da humanidade.

Os temas do momento lhe permitem aprofundar análises críticas da atuação de governos e empresas, trazendo a nu as questões de fundo e os mecanismos de poder que impõem essa realidade.

É o caso das vacinas na pandemia, que escancara a desigualdade – a Europa rica comprou a maior parte da produção das vacinas e deixou o Sul global, especialmente a África, sem cobertura vacinal. Os ricos se garantem e deixam os pobres morrer.

E daí Ladislau se insurge: como é possível aceitar que as patentes protejam laboratórios e garantam seus lucros exorbitantes, restringindo o acesso das vacinas a quem possa pagar, quando se trata da defesa da vida e da erradicação de uma pandemia que exige a vacinação de todos para ser debelada? As vacinas deveriam se tornar bens públicos comuns e serem acessíveis a todos. Aqui ele aponta que o sistema capitalista, produtor da desigualdade, mata.

Sobre a corrupção, considerada por ele como um elemento sistêmico do modelo atual, Ladislau vai fundo. Identifica as dinâmicas globais e brasileiras de como as grandes empresas e

as elites se utilizam de mecanismos de sonegação e evasão de divisas para evitar o pagamento de impostos. Estão sob análise os paraísos fiscais e os mecanismos de "administração tributária", assim como o parasitismo do capital financeiro que bebe constantemente do pagamento dos juros da dívida pública e ainda se beneficia de isenções e anistias no pagamento de impostos, concedidos por governos sob pressão dessas grandes empresas.

Não há achismo em suas análises, que sempre vêm recheadas de dados comprovatórios das denúncias que faz. E Ladislau coloca à disposição dos interessados todo um acervo de livros, artigos, resenhas, notas de leitura. São anos de trabalho na formação desse acervo em que se acumulam conhecimentos e que forma um importante centro de referência para estudantes, pesquisadores e todos aqueles que se interessam em compreender melhor a complexa dinâmica do mundo em que vivemos. Tudo isso disponível sem custos, reafirmando a proposta do *Commons*. Basta acessar dowbor.org.

Este novo livro, *No horizonte do bom senso: aforismos*, condensa anos de análises e reflexões. E nos convida a pensar questões cruciais para enfrentarmos num mundo que está sendo destruído pela voracidade das grandes corporações que, de tão grandes, não podem mais ser controladas pelos governos nacionais. Como Ladislau assinala, elas também se apropriaram das instituições internacionais, como a União Europeia e o sistema das Nações Unidas, impondo a elas sua agenda de destruição.

Os aforismos, segundo os dicionários, são formulações breves, sucintas, que trazem na sua formulação uma dimensão filosófica, uma proposição moral.

No caso do Ladislau, a partir de sua compreensão sobre os tempos que vivemos, eles expressam suas análises, suas indignação e inconformidade com a situação presente e a esperança de que tudo isso pode mudar para melhor. **Boa leitura!**

Silvio Caccia Bava
Diretor e editor-chefe do
Le Monde Diplomatique Brasil

INTRODUÇÃO

São reflexões colhidas no cotidiano, que se agitam na cabeça ao vermos os absurdos nos noticiários, que se avolumam com a preocupação com nossos filhos, com o desejo de um futuro melhor, e melhor para todos. As pessoas são boas, na sua imensa maioria. Como transformar a boa vontade social em instituições que funcionem? Esse é o eixo de preocupações que perpassa as ideias aqui apresentadas. Vivemos uma crise de civilização, dimensão sistêmica que vai muito além dos fragmentos, por mais importantes que sejam. E por que não? No caleidoscópio, as pedras, a partir de um certo ângulo, se arrumam para

constituir um novo quadro. Na nossa sociedade, isso não é apenas possível, é necessário. A gravidade do que enfrentamos só escapa aos desinformados, e aos que optaram conscientemente pela ignorância. Estes últimos, com demasiada frequência e em demasiados lugares, estão no poder.

Somos apenas seres humanos, ocupando uma pequena bola azul perdida no imenso espaço, fruto de uma evolução

caótica e insegura que gerou, entre outros tantos, o hipopótamo, a tartaruga, o chimpanzé e quem escreve essas linhas. Não é tempo de refletirmos um pouco? Estamos cansados de tribalismos primitivos, de *America First*, de *Deutschland Uber Alles*, de povos eleitos, de supremacistas patéticos, de guerreiros heroicos que se glorificam nos massacres, de bilionários que querem ter o iate maior do que o dos outros bilionários, sem se darem conta de que são apenas homens, com um pintinho daquele tamanho mesmo, quando muito privilegiados na roleta da vida, mas depois do agito enterrados sob a mesma terra.

Com milhões de mortos por uma pandemia descontrolada, assistimos impotentes à luta pelo controle de potentes e pelo acesso à vacina, quando a evidência é de que ninguém estará seguro enquanto todos não estiverem seguros, característica básica da pandemia. Quando aprenderemos que apenas estaremos seguros, em paz e com a felicidade possível, se substituirmos a competição idiota pela colaboração criativa, e o sucesso de quem arranca mais para si pelo sucesso de quem mais contribui para os outros?

Vencer na vida? Vencer a quem? Eu, com meus 80 anos bem vividos, em paz com a minha consciência, na felicidade de poder contemplar os primeiros passos dos meus últimos netos, lembrando com doçura os amores da minha vida, já sei o que virá escrito no meu destino: Aqui jaz o professor Ladislau, que batalhou muito para chegar até aqui. As pessoas irão sorrir, e esse sorriso me aquecerá.

Ladislau Dowbor

Estamos destruindo o planeta em proveito de uma minoria, enquanto fortunas se acumulam em sistemas financeiros improdutivos e sequer pagam impostos. Crise ambiental, crise social e crise financeira: nosso Triângulo das Bermudas planetário. José Saramago disse tudo: "Não sou pessimista, a realidade é que é péssima".

O sucesso inteligente não é quanto você consegue arrancar, mas sim com quanto você consegue contribuir. Somos todos tripulantes deste planeta, mas muitos querem ser passageiros de luxo, e bem servidos. Temos de inverter valores, prestigiar quem melhor contribui, em vez de quem mais se apropria. Pasteur deixa nome e legado: o imenso avanço das vacinas. Não precisou de fortuna em paraísos fiscais, nem de foguete para subir ao espaço. A sua herança hoje é mais preciosa que nunca. São os nomes que ficam.

Ignacy Sachs: "Um pessimista é um otimista bem-
-informado". Basta ver o que acontece com o clima,
com a biodiversidade, com as florestas, a poluição
das águas, agrotóxicos nos alimentos, antibióticos na
pecuária, proliferação das armas, aprofundamento das
desigualdades e o drama da pandemia. Estamos, sim,
indo cada vez mais rápido, mas sem rumo. Um barco
sem leme.

Peter Drucker: "Não haverá empresa saudável numa
sociedade doente". O capitalismo que destrói o meio
ambiente, aprofunda desigualdades, esconde recursos
em paraísos fiscais, gerou uma crise sistêmica. Isso
vale para empresas e para pessoas. Vivemos uma
catástrofe em câmara lenta.

Wolfgang Streeck: "Não é o fim do capitalismo, mas
sim o fim do capitalismo democrático". As corporações
capturaram as eleições com financiamento; a mídia
com aquisição direta ou publicidade; o judiciário com o
sistema de acordos judiciais; a academia com compra
direta de universidades e controle das publicações;
e até a ONU com "parcerias". Não só geramos as
desgraças, como estamos perdendo a capacidade
de governança para enfrentá-las.

As crises apontam as soluções: se estamos destruindo o planeta (meio ambiente) em proveito de uma minoria (desigualdade), enquanto os recursos necessários são desviados para ganhos especulativos (capitalismo improdutivo), o caminho consiste em inverter o sinal do tripé, usar os recursos para financiar tecnologias sustentáveis e a inclusão do andar de baixo. Não é teoria quântica.

Não há nenhuma razão objetiva para os nossos dramas: os 90 trilhões de dólares de bens e serviços que produzimos anualmente no mundo equivalem a 20 mil reais por mês por família de 4 pessoas. Basta uma moderada redução da desigualdade para assegurar a todos uma vida digna e confortável. Um pouco de bom senso.

Somos muito bons em termos de inteligência técnica, mas uma desgraça em termos de inteligência política e social. Quando 1% tem mais riqueza do que os 99% seguintes, o desafio é sistêmico. Não é falta de meios, e sim burrice com a qual os usamos. Oliver Stone disse bem: "Pode-se dizer com segurança que nossa eficiência tecnológica excede de longe o nosso desenvolvimento moral, social e político".

■ ■ ■

34

O ódio ideológico constitui um substituto formidável
ao raciocínio. Quando não entendem o que acontece,
as pessoas embarcam em qualquer simplificação.
A mídia lhes fornece os objetos do ódio, mas não explica
nada. Pensar é trabalhoso, escrevia Jung, então as
pessoas preferem ter opinião.

O que ignoramos não ocupa espaço na nossa cabeça.
O vazio não aparece no consciente. Quando descobri
as Áfricas, fiquei abismado com o tamanho do meu
desconhecimento. A riqueza cultural e a diversidade
de um mundo imenso que até então eu ignorava.
Vale a pena irmos com prudência nas generalizações
simplificadoras com as quais cobrimos os vazios.
Os preconceitos crescem bem na ignorância.

William Shockley, da Universidade da Califórnia,
prêmio Nobel de física, sem dúvida pessoa muito
instruída, recomendou que as mulheres negras nos
Estados Unidos se esterilizassem voluntariamente.
Uma pessoa completamente besta, ou ignorante.
Conheci gente pouco instruída, mas muito inteligente,
e de grande sabedoria. Não é essencial ser brilhante.
É preciso, antes de tudo, ser uma boa pessoa. Busque
instrução, desenvolva a sua inteligência, mas nunca
seja besta.

Hermann Hesse, no *Glasperlenspiel* (p. 238), distingue o desafio intelectual, objeto do ensino, e o desafio das atitudes, que exige formação. Ensinar (conhecimento) e formar (valores) como duas dimensões essenciais e complementares do processo de educação. Uma coisa é ensinar a usar as ferramentas, a ordenar conhecimentos; outra coisa é formar no para quê e a quem eles podem servir. Aprender a manejar a espada é diferente de aprender com que fim deve ser usada.

Aquisição de conhecimentos e geração de maturidade constituem dois processos complementares, mas diferentes. Tirar os valores sociais — e, portanto, a política — do processo educativo não faz o mínimo sentido. O posicionamento político irá de qualquer maneira ocupar a cabeça do jovem, mas sem as ferramentas para sua compreensão. A força da mensagem de Paulo Freire consiste na reunião dos dois mundos: o das técnicas e o dos valores.

Dizer que o homem é um animal racional significa apenas que busca de forma racional satisfazer suas pulsões animais. Nunca haveria violência e exploração em tal escala se não fossem os meios modernos de extermínio e extorsão. É tanta tecnologia a serviço da desgraça. Vamos ser mais modestos e realistas quanto ao *Homo sapiens*. De Waal passou a vida estudando chimpanzés e se espantava com o quanto eles têm comportamentos parecidos como os nossos. Mais recentemente, inverteu o raciocínio. Passou a estudar o primata dentro de nós, *Our Inner Ape*. É impressionante.

Há milênios, somos os mesmos homens e mulheres. Quem lê as peças de Eurípides ou de Sófocles da Grécia antiga, ou os escritos de Platão, deverá constatar que temos ali a mesma riqueza cultural e inteligência de qualquer bípede do século 21. Os antigos não eram nem mais nem menos ignorantes. Isso é importante, pois temos a mesma inteligência e a mesma ignorância, mas com tecnologias muito mais poderosas. Um potencial muito maior de construção e, também, de destruição. Quando o presidente dos EUA e o da Coreia do Norte entram num bate-boca que consiste essencialmente em discutir quem tem um pinto maior, misturamos infantilidade e armas atômicas. Capacidade tecnológica e maturidade humana constituem dois universos profundamente diferentes.

O avanço tecnológico é cumulativo. Expansão em progressão geométrica. Mas o ser humano, a cada geração, volta com as pulsões ancestrais herdadas no seu DNA, medos, ódios, paixões, violências, tendo que aprender de novo comportamentos culturais de convívio. Disritmia crítica entre capacidades técnicas e valores. O velho ser humano de sempre manejando tecnologias de impacto planetário. Viver está cada vez mais perigoso.

Os fanatismos coletivos fazem parte da humanidade. Mas o ódio precisa se vestir de ética, de aparência de justiça. A insegurança e o medo precisam do ódio, o ódio precisa de aparências éticas. Não é burrice nem desinformação: é inteligência a serviço do medo. Metade dos médicos da Alemanha de Hitler aderiram ao partido nazista. Os fascismos sempre elegem culpados. O justiceiro adora se vestir de um manto de justo.

O olhar do policial diante da pessoa averiguada tem imensa importância. Quando agressivo, prepotente, exigindo uma mostra explícita de submissão, não se trata mais de um profissional exercendo sua função, mas sim de um agente da força exigindo o baixar dos olhos, a voz submissa, a humilhação engolida. A raiva e a revolta se enraízam. A vítima não vai esquecer a humilhação, o policial ficará viciado no abuso de poder. Justiça exige respeito e maturidade.

Temos de aprender a pensar, e não apenas buscar pretextos racionais para confirmar nossos preconceitos. É gostoso ter convicções, cada argumento que as confirma flui e penetra com maciez. E com que habilidade evitamos os argumentos que as poderiam contradizer. Ter preconceitos, e razões construídas para confirmar as convicções, é muito perigoso. Jonathan Haidt ajuda muito: *The Righteous Mind*. A irracionalidade penetra o cotidiano.

A desgraça da política é que, quanto mais as coisas desandam — e volta e meia acabam desandando —, mais as pessoas se sentem inseguras e se enchem de ódio. Precisam do ódio para carregar sua insegurança. Racionalmente sabemos que o que funciona é solidariedade e colaboração, mas acabamos gerando divisões e conflitos.

O ódio e o preconceito buscam sempre justificativas éticas, por mais absurdas que sejam. Em inglês é útil o conceito de *self-righteousness*, de difícil tradução, mas que descreve o sentimento de uma pessoa que se convence a si mesma da sua elevada superioridade ética. Os nazistas inventaram o *Lebensraum* (espaço vital), com o que as invasões e os massacres adquiriam uma aparência de violência necessária. Os americanos anexaram grande parte do México com o conceito de *manifest destiny* (destino manifesto), ou seja, uma missão histórica. A Ku Klux Klan organizava linchamentos para "limpar o seu país" e "proteger suas mulheres". A imbecilidade sempre se veste de elevados princípios éticos. Os que derrubaram um governo legítimo no Brasil se cobrem de bandeiras.

Com que facilidade nos livramos do que nos incomoda. É mais fácil desqualificar a pessoa do que refutar seu argumento. Denunciamos a desigualdade? Somos invejosos dos ricos. Queremos proteger o meio ambiente? Somos uns ecochatos que gostam de baleias. Queremos democracia? Um bando de esquerdistas. Tudo menos enfrentar o óbvio: estamos destruindo o planeta em proveito de uma minoria, enquanto os recursos necessários dormem em aplicações financeiras improdutivas.

O imbecil não é burro. Pode ser muito inteligente e diplomado, mas usa a inteligência para fazer imbecilidades. Não faltam exemplos. Os ratos são muito espertos. A inteligência coincidir com valores é mais raro. Um Trump não é burro. Há exemplos mais perto. A profundidade das raízes reacionárias no Brasil. O ódio que sentem quando se mexe no conforto dos seus privilégios. Buscam justificações racionais, mas o motor é o ódio, o combustível é o preconceito. *Homo sapiens*?

J. K. Galbraith disse tudo: "Um dos exercícios mais antigos do homem em filosofia moral... é a busca de uma justificativa moral superior para o egoísmo (*selfishness*). É um exercício que sempre envolve um certo número de contradições internas e até alguns absurdos. Os donos de fortunas conspícuas terminam salientando o quanto a privação dos pobres tem valor de construção de caráter". Ferram os pobres, mas é para o bem deles, naturalmente.

Muita gente precisa que exista uma cidadania de segunda classe para poder sentir o prazer de estar na primeira. Como motivação básica é absurdo, ou idiota, mas funciona muito. O ódio à ascensão do pobre é poderoso. A indignação das elites brasileiras ao ver que a universidade já não é apenas o espaço da sua própria reprodução, do elitismo sempre renovado, constitui um bom exemplo.

As pessoas têm uma propensão natural a se acharem melhores do que as outras. Acham que quem não alcança o seu sucesso é porque não quer trabalhar, não tem merecimento ou é naturalmente inferior (por raça, gênero ou grupo social). O preconceito as ajuda. Esquecem das oportunidades que sua inserção social lhes deu.

A construção de crenças coletivas é interessante, pois dispensa provas. Uma ideia simples que se generaliza passa a ser aceita naturalmente, mesmo que seja absurda. A construção de falsas verdades aceitas e não questionadas ocupa hoje todo um segmento da chamada indústria do consenso, empresas contratadas, por exemplo, para retardar a aceitação popular da relação entre cigarro e câncer, ou para convencer-nos de que o Iraque tinha armas de destruição de massa, de que o Estado é naturalmente corrupto (e não as empresas que o compram) e assim por diante.

A "verdade" coletiva não se forma através do racional. O caminho que leva da razão à convicção passa pelo irracional. As empresas formadoras de opinião trabalham racionalmente com o irracional coletivo, que passa a ser aceito pela coletividade como óbvio. Tantos americanos aceitaram naturalmente absurdos como a ideia de Obama ter fundado o Estado Islâmico (Trump), ou de que Eva conversou com uma serpente. Tantas crenças são aceitas como verdades sem que se busque qualquer fundamento. A dimensão do irracional na formação das opiniões é imensa, e tem levado as coletividades à barbárie. O documentário *Chomsky & Cia* explica muito.

■ ■ ■

DESAFIOS DA ÉTICA

Entre 5 e 6 milhões de crianças morrem anualmente por passar fome ou não ter acesso a fontes de água limpa. São 4 torres de Nova York, de crianças mortas, por dia. Não sai na mídia. Não é crise. Prioridades do *Homo sapiens*. Os custos para liquidar este drama são ridículos. Não é preciso descobrir vacinas ou travar a economia. No mundo, prioridade zero. O desafio ético mais vergonhoso para todos nós. São as crianças as culpadas? Como organizamos a nossa ética social? Como fechamos os olhos sobre as desgraças dos outros?

Princípios básicos. Primeiro, algumas coisas não podem faltar a ninguém, porque não somos bichos para continuar a deixar crianças morrerem de fome. Segundo, a sociedade pwdas. E pessoas desesperadas reagem com desespero, suicídios, guerras, violência, e votam em ditadores. Terceiro, as regras do jogo devem recompensar a contribuição social efetiva, o esforço útil, e não a esperteza ou o abuso do mais forte. Questão de equilíbrios. Sem lastro ético, isso aqui vai para o brejo.

Independentemente das questões éticas, a verdade elementar é que famílias em condições desesperadas – e quase 1 bilhão passa fome, além de outras mazelas – significam uma geração de crianças prejudicadas no seu desenvolvimento, rendimento escolar e futura produtividade. O social não é gasto, é investimento. Somos 8 bilhões, mas o alimento que hoje produzimos dá para 12 bilhões. Criticar os processos redistributivos é mais do que maldade, é burrice.

Neste jogo da vida, tem de haver uma rede de segurança para todos. No circo, antigamente, as pessoas achavam emocionante ver os artistas arriscarem a vida no trapézio, sem rede. Hoje, ninguém mais acha isso engraçado. A segurança familiar básica tem de existir para todos. E isso sai muito mais barato do que catar e tratar os feridos do sistema.

Uma medida da nossa impotência institucional: os grandes fabricantes de armas estão abastecendo Deus e o mundo com instrumentos de morte, usando paraísos fiscais, com a conivência de bancos, transportadoras e câmaras de comércio. E tudo isso "em nome da segurança". Ninguém consegue controlar. Melhora o PIB e a balança comercial de quem produz, mas semeia a morte. Já viram o tipo de armas que qualquer grupo terrorista consegue, ou os contratos com a Arábia Saudita?

Aparecem argumentos de que sonegar imposto não é roubo. As famílias pobres e os assalariados não sonegam, pagam o imposto embutido nos produtos que compram e têm o imposto deduzido na folha de pagamento. Os ricos sonegam, chamam isso de evasão fiscal ou até de otimização fiscal. Mas gostam de ter os filhos estudando de graça na USP, ter ruas asfaltadas, navegando no imposto pago por outros. Como se chama isso?

O básico para as pessoas sobreviverem com dignidade constitui prioridade absoluta. Muito mais barato e racional assegurar este básico para todos de maneira organizada, deixando-as escolher como batalham o seu progresso, mas tendo um ponto de partida que abra opções. Os mais ricos dizerem que isso seria "remuneração sem merecimento" é de um cinismo impressionante, considerando como obtiveram a sua riqueza. A renda básica não é um encosto, é um piso que abre oportunidades.

O Banco Mundial, na ampla pesquisa *Voices of the Poor*, constata que de longe o principal fator de desigualdade resulta de oportunidades desiguais. Os que se dão bem gostam de atribuir o seu sucesso aos seus esforços e habilidade. É parcialmente certo. Mas a herança familiar, o acesso inicial à educação, relações sociais e até o bairro, região ou país são essenciais. Vamos melhorar as chances dos que vêm de baixo, e todo mundo ganha. A imensa maioria dos que subiram esquece as oportunidades que teve, quer ter a satisfação de se atribuir todo o merecimento.

Sim, naturalmente, sem política na educação. Ou seja, vamos estudar os acontecimentos, mas sem perguntar por que eles aconteceram. Aprender a servir, sem questionar. Frase conhecida de um religioso: "Se cuido dos pobres, dizem que sou santo; se pergunto por que são pobres, dizem que sou comunista". Aprender a obedecer desde pequenino, para ser dócil a vida toda. Nunca perguntar "por quê?".

E que cretinismo é esse de abolir as aulas de arte? A experiência estética na música, na pintura, na palavra, na escultura, na dança é primordial para a felicidade humana, como dimensão de cada um de nós, e não como receptores passivos diante de uma tela de TV. Estão abafando a criatividade desde a infância, castrando os potenciais.

O norte, o norte mesmo que nos orienta na vida deve ser a felicidade, não a riqueza material. O básico material e um pouco de conforto são essenciais para a felicidade. Mas gastar a vida correndo para acumular não faz sentido. Mesmo para os ricos, viver atrás de muros, com cercas elétricas e seguranças, é para idiotas. Organizar a inclusão de todos é bom senso. A felicidade não é um exercício solitário. Ser solidário é saudável. E poucas coisas fazem tanto bem como contribuir para o bem dos outros.

Antes de tudo, somos seres humanos. Só depois brasileiros ou haitianos, turcos ou americanos.
O respeito básico ao ser humano é fundamental, é o que nos humaniza. E até quando acreditaremos que somos tão únicos e excepcionais, nós, seres humanos? Os animais sentem, brincam, constroem amizades, constroem ninhos ou gigantescas residências coletivas, reagem contra a injustiça, usam ferramentas, se deprimem, cantam, dançam. Precisamos ampliar a nossa visão, reconquistar o respeito pela vida, reduzir a arrogância que nos leva a destruir a vida no planeta.

■ ■ ■

O ser humano, na cultura herdada, pensa em arrancar o máximo para si, para sua família. É compreensível, pois as vantagens pessoais são mais diretas e claras do que o desastre sistêmico para o qual contribuímos. Mas a soma dos interesses individuais é receita para o desastre global. O bem-estar social envolve mais gente ajudando o conjunto. Somos todos tripulantes deste pequeno e infeliz planeta. E temos muitos passageiros irresponsáveis.

Resolver os nossos problemas individuais ou familiares não basta. Tampouco resolve os privilegiados se esconderem em condomínios protegidos, em ilhas de prosperidade. Temos todos de contribuir para o bem comum. A mudança climática, a contaminação das águas, a desigualdade, o desemprego, as pandemias e tantos problemas mais não conhecem fronteiras nem divisões administrativas, e sofreremos todos as consequências, nós e os nossos filhos.

É compreensível cada um privilegiar o bem da sua família. Muitos se matam de trabalho para criar um casulo de riqueza familiar como garantia. Mas melhor é batalhar por uma sociedade aberta e justa, que dê oportunidades para todos e permita aos filhos construírem os seus próprios caminhos. Peter Drucker dizia que não haverá empresa saudável numa sociedade doente. O mesmo pode ser dito para as famílias.

Todos queremos assegurar o futuro dos filhos. Mais que juntar dinheiro ou ampliar o patrimônio familiar, é preciso ensiná-los a contribuir, dando-lhes as ferramentas, os meios, e não os resultados. Não justifique você se matar por dinheiro com querer o bem-estar dos seus. Ajude a construir uma sociedade aberta com oportunidades para todos. Será melhor inclusive para os seus filhos.

A felicidade está na realização dos nossos potenciais. Sentir o bem-estar físico, o enriquecimento mental, a riqueza afetiva, os laços sociais, a realização artística. A organização social que buscamos visa assegurar e ampliar para todos as oportunidades de expressão desses potenciais, e não apenas o aumento do PIB. A felicidade é ativa, e a sua busca pode contribuir para os avanços sociais em geral.

Margareth Thatcher declarou que a sociedade não existe, o que existe são indivíduos. Mas os indivíduos são impotentes nos processos políticos, viram vontades dispersas sem nenhuma influência. Por isso as oligarquias não querem saber de sindicatos, ONGs, organizações comunitárias, qualquer organização que dê algum poder à sociedade e, consequentemente, aos indivíduos. Mas internamente as oligarquias se organizam muito, não são apenas indivíduos.

Pobreza, desigualdade e mal-estar social constituem processos que se reforçam mutuamente. Em 1958, J. K. Galbraith escreveu que "as pessoas são golpeadas pela pobreza quando a sua renda, ainda que suficiente para sobreviver, fica muito atrás da que prevalece na sua comunidade." A pobreza vira humilhação, é poderoso.

Um dos nossos sentimentos mais fortes é o de pertencimento. O elo mais forte de pertencimento é a família. Mas, no Brasil, o domicílio médio só tem 3,1 pessoas. Na Europa 2,4. Nos EUA apenas 25% dos domicílios têm pai, mãe e filhos. É a própria base da organização social que está sob profundo deslocamento. Cidades conscientes estão desenvolvendo políticas de lazer no bairro, reconstruindo o convívio social. A humanização do cotidiano exige novos espaços, novas soluções.

Monstruosidade os idosos solitários. Família é só papai e mamãe e casal de filhinhos? Onde estão o convívio, as alegrias, as brigas com avós, correria de netos, tias malucas, uma prima do interior? Temos a família nuclear, unidade reprodutora e consumidora pura, microcosmo social, com apartamento no quinto andar, trancas na porta. E TV ligada na Globo. "Seja feliz."

Com a redução da família de várias gerações ao núcleo mínimo de pais e filhos, quando não a mãe sozinha com filhos, ou idosos isolados, é o mecanismo de reprodução social que entra em crise. Na família ampla, os avós tinham o seu lugar à mesa. Com a perda da ponte familiar entre gerações, temos dramas e mal-estar. Numerosos países compensam o que as famílias já não asseguram por meio de políticas sociais, precisamente o chamado Estado de bem-estar. No Brasil já não temos a família ampla, e o pouco que tínhamos de suporte social está sendo destruído. Jovens buscando caminhos nas ruas, idosos isolados esperando a morte chegar, gente morando na rua.

Vivemos numa sociedade em que não só as pessoas vivem mais, mas o tempo de juventude se estende. Precisamos pensar melhor as formas de organização correspondente. Os jovens demoram muito mais para entrar na vida profissional, frequentemente aos vinte e muitos anos. Há duas gerações, o menino de 12 anos já ajudava o pai na roça, a menina nos afazeres domésticos. Torna-se inviável a presente divisão radical entre o tempo da sala de aula que não acaba e depois o repentino mergulho no mundo realmente existente do trabalho ou do desemprego. A articulação dos tempos de estudo com o mundo do trabalho deve começar muito antes; não por meio do trabalho infantil, mas por meio de estágios, visitas, pesquisas que permitam a transição entre os dois mundos, além da volta periódica dos adultos à sala de aula para requalificação. Um mundo interativo de trabalho e estudo, tempos diversos e articulados.

O que são as periferias? Na China, são vistas como cidades próximas, adquirem personalidade, identidade e autonomia. Temos de evoluir para o conceito de redes de cidades com dinâmicas próprias combinadas com articulações interativas entre elas e enriquecer a vida local. A desigualdade de renda, mas também de investimentos públicos e de consumo coletivo, fragmenta o sistema, gerando cidades-dormitórios e urbanização desequilibrada. Já viram as pesquisas da Nossa São Paulo? Já leram os estudos do Kroeber sobre a China? O *Viking Economics*? Há caminhos.

Interessante pensar no que tem sido qualificado de "terceiro tempo": a nossa vida hoje se resume praticamente ao tempo de trabalho e ao tempo da família. A empresa e a casa. O que está desaparecendo — e pode perfeitamente reaparecer — é o terceiro tempo, o tempo das conversas na rua, dos jogos no parque, do convívio nas praças, de encontros inesperados. Entre a portaria da empresa e a porta de casa, há vida também. Com a redução da jornada que as novas tecnologias permitem, poderemos voltar a ter uma vida cultural solta e livre, contatos enriquecedores, atividades de lazer. Na Alemanha, muitas empresas já adotaram a semana de 28 horas. "A economia não comporta." Bobagem monumental: os avanços tecnológicos permitem, o emprego fica melhor distribuído, e as atividades culturais e de lazer constituem também atividades que dinamizam a economia. Viver bem faz sentido econômico.

Renda básica universal? Sim, e combinada com acesso aos bens e serviços públicos. O básico tem de ser acessível a todos. Não há bem-estar das famílias, ou das coletividades, se vivemos, em grande parte da sociedade, com a angústia do remédio ou da comida para os filhos, da habitação, da segurança elementar. Não é gratuidade, é direito de pertencimento à sociedade. A rua asfaltada tem custo, mas você não paga para andar nela, são direitos básicos universais. O acesso básico libera as pessoas para investirem com tranquilidade nas opções criativas. Leia Amartya Sen, ajuda muito. A renda básica não é ponto de chegada, é um piso para poder avançar.

■ ■ ■

DESAFIOS DA DESIGUALDADE

A grande riqueza e a grande pobreza são igualmente patológicas para a sociedade. A pobreza porque é ética, social e economicamente prejudicial para toda a sociedade. E a riqueza porque os muito ricos não sabem parar, transformam poder econômico em poder político, corroem a democracia. Assegurar a renda mínima e taxar os excessos são duas facetas do equilíbrio necessário.

O problema central da política é simples: os privilegiados adquirem progressivamente o poder de aumentar seus privilégios. E esse processo se agrava até atingir pontos de ruptura, com violência e tensões generalizadas. As desigualdades econômicas e políticas fazem parte de um mesmo processo de desequilíbrio social generalizado.

O combate à desigualdade é uma necessidade ética. Não é concebível que no século 21 tenhamos manifestações trágicas de pobreza e miséria. Numa sociedade civilizada, o básico não pode faltar a ninguém, muito menos a crianças que não têm nenhuma responsabilidade pelo caos em que foram jogadas. Não é uma questão de esquerda ou de direita, é uma questão elementar de decência humana. A dimensão ética se apresenta tanto no sofrimento dos pobres, que não são responsáveis pela sua pobreza, como na prepotência dos ricos, que acumulam riqueza não merecida.

O combate à desigualdade é uma necessidade econômica. A melhor forma de dinamizar uma economia é assegurar maior capacidade de consumo na base da população. A ampliação da demanda de massa, tanto de bens comprados com a renda auferida, como de bens coletivos acessados graças às políticas sociais públicas, gratuitas e universais, como saúde, educação e segurança, dinamiza as atividades econômicas do país, amplia a inclusão produtiva, e assegura o desenvolvimento. Todos os exemplos de sucesso econômico, desde o New Deal americano na época da grande crise de 1929, até a reconstrução da Europa no pós-guerra com o Estado de bem-estar, ou a China de hoje, têm em comum esta centralidade na generalização do bem-estar.

O combate à desigualdade é também uma necessidade política. Nenhuma sociedade se governa de maneira equilibrada e democrática quando sofre com as inevitáveis tensões e conflitos que a desigualdade gera. Em vez de construir muros entre nações, de multiplicar condomínios de luxo como guetos de riqueza nas cidades, devemos enfrentar a tarefa organizada e sistemática de inclusão dos pobres. Uma sociedade em conflito social permanente não funciona para ninguém. Países menos desiguais são mais pacíficos e equilibrados, e também mais produtivos. Não se trata de distribuir armas, mas sim de equilibrar recursos e oportunidades.

O evidente avanço dos países nórdicos ou do Canadá se baseou no amplo consumo popular que dinamiza atividades econômicas, o que por sua vez amplia as receitas públicas por meio dos impostos, equilibrando a conta no nível do orçamento. Foi também o caso da Coreia do Sul, do Japão e da própria China. Enfrentar a desigualdade constitui a melhor forma de dinamizar a economia. Recursos na base da população se transformam em demanda e dinamização econômica, recursos no topo geram mais aplicações financeiras, especulação e estagnação. Combater a desigualdade não é questão de ideologia, e sim de conhecimento e bom senso sobre o que funciona no plano econômico.

J. K. Galbraith resume bem: "O único remédio totalmente confiável na recessão é um sólido fluxo de demanda do consumidor... Aos necessitados se nega o dinheiro que seguramente gastariam; aos ricos se assegura a renda que seguramente irão poupar." Dinheiro na mão dos pobres gera consumo, o que estimula produção, investimento e empregos. Dinheiro na mão dos muito ricos gera apenas especulação financeira, carros importados e contas no exterior. Rico útil é aquele que investe na produção: gera emprego, bens e serviços e paga os seus impostos. O resto é parasita.

É bom senso, não é caridade: ampliar o bem-estar funciona para todo mundo. Sai mais barato tirar as famílias da miséria e acabar com a pobreza do que arcar com as consequências em termos de conflitos, doenças, insegurança e baixa produtividade, além do sofrimento humano gerado.

O aumento de renda nas famílias pobres gera melhoria radical da qualidade de vida e muita felicidade. Um milhão a mais nas mãos do milionário gera apenas mais poder para buscar mais milhões. Em termos de utilidade social e dinamização econômica, o dinheiro é muito mais produtivo na base da sociedade.

Hoje 26 bilionários no planeta têm mais patrimônio acumulado do que 3,9 bilhões de pessoas, a metade mais pobre da população mundial. Não produziram essa riqueza, mas dela se apropriaram. Maior desigualdade da história. Milagre da intermediação financeira, tragédia para o sistema. Durante a pandemia, a riqueza dos bilionários aumentou radicalmente, com as economias em queda. Em vez de apenas criticar os ricos, temos de entender os mecanismos que geram a riqueza improdutiva, reorganizar o sistema.

"Algo radical terá de ser feito para assegurar que o hiato de renda não atinja um ponto em que a coesão social fique completamente perdida." ("*Something radical will have to be done to ensure that the income gap does not expand to the point where social cohesion is totally lost*". – Warner Haldane, NS, 6 ago. 2016, p. 42). Óbvio ululante: 1% de famílias ricas detêm mais riqueza do que os 99% restantes. Essencialmente riqueza improdutiva. Estamos nos limites do absurdo. Haldane é banqueiro, no Reino que ainda chamamos de Unido.

Stiglitz analisa a base institucional da pobreza. Ela resulta da pobreza dos países, do local de moradia, tipo de acesso escolar: não é defeito da pessoa ou falta de esforço, é falta de oportunidades, e já na partida. É pobreza estrutural. A vantagem dos mais ricos só seria legítima se as chances de partida fossem iguais. E hoje elas são dramaticamente desiguais. Não é merecimento, é privilégio, são regras do jogo viciadas. Merecimento tem algo a ver, às vezes.

Nosso PIB no Brasil é de 7,5 trilhões de reais, a população é de 212 milhões de pessoas. Isso equivale a mais de 11 mil reais por mês por família de 4 pessoas. Daria para todos viverem de maneira digna e confortável, bastando uma moderada redistribuição. Reduzir a desigualdade é o principal caminho para uma sociedade mais decente e mais produtiva. E evidentemente mais feliz.

O mundo produz anualmente 90 trilhões de dólares de bens e serviços. Divididos por 8 bilhões de pessoas, isto representa 3.800 dólares por mês por família de 4 pessoas. O suficiente para todos viverem de maneira digna e confortável, inclusive no Brasil. As desigualdades internas e entre países se acumulam. É tempo de um novo pacto, o *Global Green New Deal*.

As pessoas com sucesso econômico têm uma propensão impressionante a se acharem melhores que as outras. Esquecem onde nasceram, quais escolas frequentaram, de que capital de conhecimentos, relações e dinheiro puderam dispor à partida. Preferem atribuir o sucesso a si mesmas e as dificuldades dos outros à falta de iniciativa. Menos autossatisfação e mais solidariedade: a redução das desigualdades à partida é essencial para uma sociedade que funcione.

Todos os dados sobre as 26 famílias mais ricas que dispõem de um patrimônio maior do que a metade mais pobre da população mundial, ou sobre o 1% que tem mais do que os 99% seguintes, mostram uma realidade econômica radicalmente deformada. Mas é importante atentar para a classe burocrática que gira em torno dessa ínfima minoria e que sustenta o seu poder político, militar, jurídico, midiático. É a tropa de choque das elites, cooptada por altos bônus e salários, os políticos, juízes, advogados, contadores, economistas, gestores financeiros que asseguram uma massa de sustento para o topo da pirâmide. São os gestores da máquina econômica dominante, fiéis guardiães dos privilégios, ansiosos por reconhecimento.

Na economia se mede a desigualdade, e as dimensões de renda e de patrimônio são relativamente fáceis de serem entendidas. Haskel e Westlake, no *Capitalism without Capital*, apresentam uma distinção interessante entre a desigualdade medida e a desigualdade sentida. Esta última tem um poder imenso de gerar infelicidade, sentimento de rejeição, e simetricamente o sentimento de superioridade por parte de quem domina e tem o poder de excluir. Trump e tantos malucos populistas pelo mundo afora navegaram ou navegam nessa transformação das frustrações em ódio, gerando realidades políticas doentias. Devemos respeitar e valorizar as diferenças, mas combater a desigualdade e seus efeitos patológicos.

■ ■ ■

O capitalismo mudou. Antigamente, o capitalista era essencialmente o dono de uma fábrica, morava na cidade onde tinha a empresa. Explorava o assalariado, mas gerava produtos e empregos e pagava impostos. O capitalista moderno, por sua vez, controla plataformas e portfólios, faz aplicações financeiras em vez de produzir e se encontra no mundo rarefeito da alta finança. Ganha muito e produz pouco. Mora em qualquer parte do planeta. Como escrevem os pesquisadores do Roosevelt Institute, gera "o alto custo da alta finança". Zygmunt Bauman chama o sistema de "capitalismo parasitário". Michael Hudson, em *Killing the Host*, o compara às bactérias que matam o próprio hospedeiro. O sistema mudou. Bem-vindos à era do capital improdutivo.

Não vivemos mais em ambiente de livre mercado, com concorrência entre empresas por quem traz a melhor oferta. O que predomina são *clusters* articulados de poder, como por exemplo a grande mídia, articulada com as empresas de publicidade, amarrados pelo objetivo comum de gerar consumismo, no interesse das corporações. O ataque à Amazônia resulta de um *cluster* de interesses comuns entre madeireiras, plantadores de soja, a indústria da carne e até as famílias pobres da região que lucram no imediato com as queimadas. Veja-se os *clusters* dos produtores de fumo, articulados com a indústria do cigarro e empresas de publicidade. Os diversos *clusters* de poder hoje compram o apoio de parlamentares e do judiciário. A lógica do que chamamos de mercado se deslocou, podemos chamar de mercado, mas não é livre, são grandes estruturas articuladas de poder financeiro, midiático, jurídico e político.

Basicamente, com o gigantismo das corporações e a oligopolização da economia, acumulamos as desvantagens da burocratização e a truculência do interesse privado. O gigantismo burocrático, seja do Estado ou das corporações, leva a um sentimento de impotência e ansiedade por parte do cidadão e do cliente. Na fila do banco, extorquido por juros do crediário ou pela conta telefônica, o cidadão faz o quê? "A sua ligação é muito importante para nós." "Quer anotar o número do protocolo?" "Para voltar ao menu principal, disque zero." Era do cidadão desarmado diante de um poder anônimo.

Conforme as empresas se agigantam, reduz-se o contato pessoal e a responsabilização ante o cliente. Com a padaria da esquina, você reclama. Com a corporação, você perde qualquer capacidade de reclamar e, portanto, de corrigir ou demandar eficiência. A sua reclamação é apenas "muito importante para nós". O abuso empresarial torna-se inevitável. Internamente, a corporação se corrompe por falta de controle social. A distância entre as empresas produtoras de bens e serviços na base e as superestruturas de controle financeiro e jurídico aumenta. O que sabe a Billiton da Austrália, corporação de controle financeiro, da humilde Mariana e da Samarco? O gigantismo dilui a responsabilidade, dramas distantes não emocionam. Mas o dinheiro flui.

A resiliência dos sistemas estaria baseada na diversidade que permite articulações e combinações inovadoras, enquanto os principais sistemas produtivos hoje buscam uniformização e escala. Com Monsanto/Bayer, teremos flexibilidade zero para produtores e escolha limitada para consumidores. Para o capitalismo funcionar, há uma condição básica: muitas empresas concorrendo para servir clientes. A concorrência sobrevive em alguns setores. Mas no geral fazemos face a gigantes que dispensam a concorrência.
Você já tentou resolver o serviço de celular tentando mudar de operadora? Ou fugir da extorsão mudando de banco? Ou mudar de plano de saúde, hoje grandes grupos financeiros?

As grandes corporações financeiras controlaram inicialmente empresas produtoras de bens e serviços. Estão rapidamente se expandindo para as políticas sociais. BlackRock, um gigante da área financeira que tem ativos de 10 trilhões de dólares, cinco vezes o PIB do Brasil, participa do nosso sistema privado de saúde e avança na educação. Outros grupos já controlam grande parte das nossas universidades: é educação como prestação de serviços comerciais. Segurança e outras áreas públicas vão sendo cada vez mais apropriadas. Bom para gerar lucros privados. Trágico para o desenvolvimento equilibrado e a produtividade da economia. Capitais privados buscam satisfazer quem pode pagar mais.

Você não gosta de políticos? Pois, meu amigo, amplie a lista: os grandes empresários hoje são essencialmente políticos. Compram, orientam, corrompem, pressionam políticos, manipulam as leis, até um dia se olharem no espelho e constatarem o que são: políticos. Desde que inventaram a pessoa jurídica, tendemos a ver empresas como pessoas que não iriam praticar fraudes, enganar conscientemente, de forma massiva e organizada. Na realidade, a ampla maioria o faz de maneira massiva e organizada. VW, GSK, Apple, Deutsche Bank, Bank of America, Wells Fargo, Billiton, Purdue etc. A corporação tem interesses, os que decidem têm bônus, os acionistas têm dividendos. E, para casos como Mariana, a empresa tem os departamentos jurídicos e de relações públicas.

Além do produto, preço e qualidade, importa o processo. Os alemães pararam de comprar bananas da Guatemala ao saber como são produzidas. Os suecos cancelam a compra de produtos agrícolas do Brasil ao saber que contribuem para destruir a floresta amazônica ou que os produtos são cheios de veneno. A dona de casa hoje quer saber quanto agrotóxico tem na fruta bonita, ou antibiótico na carne. A fase do consumidor feito de bobo está se restringindo. Menos publicidade, mais informação, este é o caminho. A mídia está longe de cumprir o seu papel, predominam as "narrativas" ou "contos de fada".

Há indivíduos atrevidos, criminosos de todo tipo de colarinho. Mas mais importante que o abuso praticado por indivíduos é o abuso corporativo, versão legal do crime organizado. Grandes bancos podem se tornar uma máquina de abusos e privilégios, com os gestores organizando privilégios não merecidos, salários milionários, fraudes sistêmicas, evasão fiscal. Empresas farmacêuticas e de agrotóxicos, corporações de pesca industrial, Billiton e Vale associadas em Mariana, vale tudo. E controle zero: são eles que financiam as eleições. Prendem-se às vezes alguns indivíduos. Mas o sistema permanece.

Continua a concentração dos gigantes corporativos mundiais: Bayer compra Monsanto, AT&T compra Time Warner etc. A diferença: não só dominam a sua cadeia produtiva, como passam a dominar o ciclo produtivo completo. O agricultor de qualquer parte do mundo ficará nas mãos de uma empresa para tudo: adubo, semente, defensivos e outros. E, por cima das corporações, há os gigantes financeiros, investidores institucionais que definem as margens de lucro e a distribuição de dividendos. São pirâmides de poder e de extração financeira profundamente diferentes do capitalismo tradicional, em que numerosas empresas batalhavam seu espaço no mercado. Produziam, geravam empregos e pagavam impostos.

BlackRock, Vanguard e State Street, três empresas privadas, gerem ativos de 19 trilhões de dólares. É a nova indústria de gestão de ativos, *asset management*. O PIB dos Estados Unidos é de 21 trilhões. Joe Biden administra o orçamento dos Estados Unidos, 6 trilhões. Alguém conhece o presidente da BlackRock? Minha faxineira, que paga o plano de saúde Notre Dame, contribui sem saber para os lucros da BlackRock. O dinheiro imaterial, apenas sinal magnético, flui muito. Hoje 97% do dinheiro não é moeda impressa pelo governo, são sinais magnéticos emitidos por bancos. O dinheiro gira no espaço planetário, é imaterial. A política age no espaço nacional. Desajuste estrutural.

■ ■ ■

O PAPEL DA ECONOMIA

A economia não é uma ciência, pela simples razão de que é atravessada por inúmeros interesses convergentes e frequentemente conflitantes. Tanto assim que cada teoria econômica vai apresentar análises diferentes segundo os interesses que as sustentam. Não há economia que "funcione" independentemente da pergunta "funciona para quem?" A justificação ou denúncia da desigualdade, a confirmação ou negação dos impactos ambientais e tantas outras explicações contraditórias deixam isso evidente. A economia realmente existente representa teorias sofisticadas de justificação de diferentes interesses. A economia política, que busca o interesse comum, abre espaços com dificuldade.

O que enfrentamos hoje, e que chamamos de "os mercados", na realidade não constitui mais "mercado" no sentido de mercado livre, de concorrência entre empresas buscando cada uma o lucro por meio de fornecimento de melhores bens ou serviços. Hoje enfrentamos *clusters*, ou quistos, de poder organizado. A articulação dos grupos corporativos com a mídia, que vive da publicidade desses mesmos grupos, e com as grandes redes comerciais interessadas no consumismo, gera uma estrutura concreta de poderes articulados. É só ver o esmagamento dos pequenos e médios produtores, hoje terceirizados ou subprodutores.

A confusão é maior quando o interesse particular tenta se travestir de interesse da nação, do povo, da coletividade. Os grandes grupos financiam as eleições, instalam-se nos ministérios e se apropriam dos processos políticos. Poderão, assim, gerar as leis que legalizam uma apropriação absurda do produto social, sem relação com o aporte. O conceito de *clusters* organizados de poder pode ser aplicado para analisar o sistema financeiro, o agronegócio, os planos de saúde, a indústria do cigarro e outros. Não há economia neutra.

Não há propriamente "leis" em economia, como as temos na física. O funcionamento da economia resulta de pactos sociais, de regras do jogo que as sociedades constroem. Nenhuma lei econômica justifica que um professor ganhe menos que um advogado ou um engenheiro. A Finlândia, que remunera professores no mesmo nível de outros profissionais, reduziu desigualdades e traçou uma rota centrada na elevação do nível científico-tecnológico do país e na redução das desigualdades. O Brasil tira recursos da educação e os transfere aos banqueiros, com o pretexto de tranquilizar os mercados. Irracionalidade total, mas razões evidentes. Leia *Finnish Lessons*, de Pasi Sahlberg.

Existem, sim, processos naturais de equilíbrio na economia, como entre preços e quantidades produzidas. Mas, em termos estruturais, predominam os processos cumulativos de polarização e desigualdade. Os grandes sistemas não se autorregulam. Um país pobre tem pouco para investir, e segue pobre. Um país que se tornou mais rico pode investir mais, e segue se distanciando crescentemente dos mais pobres. Para uma lógica de equilíbrio, são os países e regiões mais atrasados que deveriam investir mais para recuperar o atraso e equilibrar o conjunto. Mas é o processo cumulativo de desigualdade que predomina. As 26 famílias que detêm mais patrimônio do que a metade mais pobre da população mundial, situação patológica em termos econômicos e sociais, fazem parte dessa dinâmica cumulativa de polarização. Os equilíbrios básicos que necessitamos exigem políticas públicas e regulação econômica, no sentido pleno da palavra.

Imagine um avião que só tivesse medidor de velocidade. É o PIB na economia. Não mede a reserva de combustível, nem mostra para onde vamos. Não indica o que produzimos, para quem, com que custos ambientais e sociais. Hoje o PIB, como conta, é essencialmente arma ideológica, refúgio da grande mídia.

A visão econômica herdada de Adam Smith, da *Riqueza das nações*, 1776, continua sendo dominante hoje, mas apenas no ensino da economia, não na realidade. O padeiro, para ganhar mais dinheiro, mesmo sem se preocupar com o bem-estar social, irá produzir pão de qualidade, para que as pessoas comprem, e em boa quantidade, para ganhar bem. E, se vender muito caro, aparecerá outra padaria. Assim, a busca da vantagem individual maximizaria o interesse social. Chamaram isso de livre concorrência de mercado. Infelizmente, não estamos mais em 1776. Os grandes grupos econômicos, com o seu poder financeiro e tecnologias modernas, não obedecem a "leis" de mercado, e sim delas se apropriam. Você já viu quanto paga no seu plano de saúde? E no seu empréstimo bancário? Acompanha a tragédia ambiental? Cada um arrancar o que pode, no que se chama hoje de neoliberalismo, leva o conjunto para um desastre coletivo. Stiglitz, Piketty, Raworth, Mazzucato, Marjorie Kelly e tantos outros têm razão: precisamos de novas regras do jogo.

A economia tem de refazer suas contas. Passar a medir o bem-estar das famílias e a resiliência do planeta, apresentando resultados efetivos para a sociedade no seu conjunto. Estamos guiando uma economia moderna complexa com apenas o contador de velocidade, o PIB. Uma explosão de novas análises, muito mais realistas, apontam os caminhos.
Já leram Kate Raworth, *A economia donut*?

Há usos dos recursos que aumentam a riqueza social, por exemplo, investimento produtivo privado, políticas sociais do governo e investimentos em infraestrutura; mas há também usos que reduzem essa riqueza, como o aumento de juros sobre a dívida pública, aplicações financeiras em paraísos fiscais, apropriação privada de bens públicos, consumo de luxo de importados e semelhantes. Os ajustes não se realizam espontaneamente. Na falta de sistemas de regulação, prevalecem os comportamentos predadores. Hoje, em paraísos fiscais, temos algo na ordem de um terço do PIB mundial, e o Brasil acompanha esta proporção. São recursos que não são investidos em desenvolvimento, sequer pagam impostos, facilitam a criminalidade. É um dreno permanente. Pior: não é ilegal, e os bancos administram as transferências. São eles que fazem as leis.

Ajuda muito na compreensão da economia a distinção entre renda que resulta de atividades produtivas e rentismo baseado em aplicações financeiras. No caso da *renda*, o seu aumento corresponde à maior disponibilidade de bens e serviços. Rentismo, ou *"rentas"*, que resultam de aplicações financeiras, especulação e outras atividades podem enriquecer a pessoa ou a corporação, mas não geram maior riqueza na sociedade. É soma zero na medida em que o que um ganha, outro perde. O rentismo se apoia nos ganhos improdutivos que travam o desenvolvimento. A distinção em inglês, entre *income* e *rent*, ou em francês, *revenu* e *rente*, é mais clara. No Brasil, curiosamente, apenas começamos a usar o conceito de "renta", mecanismo fundamental de apropriação do excedente social.

Nas áreas social e ambiental, os mecanismos equilibradores de preços não funcionam. A educação de qualidade tem de chegar a todos, e não apenas aos que têm capacidade aquisitiva. A poluição gera custos que são externos relativamente a quem polui. Em economia, são áreas onde as relações do mercado não resolvem, caracterizadas pelo "*No market feedback*". A empresa que joga os resíduos no rio, em vez de comprar filtros, reduz os seus custos e ganha vantagem sobre os concorrentes. Os concorrentes acompanham. É só olhar o que acontece no mundo. A regulação pública é essencial.

Em vez de processos naturais de equilíbrio, das tão ensinadas "curvas de oferta e procura" que se encontram no nível do preço justo, o que enfrentamos crescentemente são processos cumulativos de polarização. Quanto mais os ricos aplicam em produtos financeiros, mais eles enriquecem e se aprofunda a desigualdade. O conceito de "*feedback loops*" ajuda a entender áreas de atividade onde a autorregulação não funciona. Faça a conta: o dono de 1 bilhão aplicado a modestos 5% ao ano ganha 137 mil por dia. No dia seguinte ganha 5% sobre o bilhão mais 137 mil e assim por diante. Isso se chama efeito bola de neve: quanto mais rico, mais rapidamente enriquece, sem precisar contribuir para a produção. É rentismo.

O dinheiro pode ser muito produtivo. Tudo depende de quem dele se apropria e com que fins. A imensa melhoria de qualidade de vida, aumento de consumo e consequente dinamização da economia, gerados por alguns pontos percentuais do PIB, atestam um fato elementar: o dinheiro é mais produtivo quando vai para a base da sociedade. Os 56 milhões de brasileiros que melhoraram de vida com o Bolsa Família custaram 0,5% do PIB. Não é custo, não é gasto. É investimento nas pessoas, inclusive pela dinamização da frequência escolar. E tornar as famílias mais felizes não é "produto"?

A conta que não fecha na economia não é a dos investimentos públicos, e sim a do comportamento das elites que sonegam em média 30% dos impostos devidos. A batalha continua mesmo em países mais democráticos como os da Escandinávia. Acrescentem no caso do Brasil a isenção sobre lucros e dividendos (lei de dezembro de 1995) e temos um sistema disfuncional. Elites improdutivas e sonegadoras.

Stiglitz escreve que a receita de baixar os impostos e desregulamentar o sistema financeiro para "incentivar" os investidores e "liberar" a economia não funciona. Pois hoje os ricos irão direcionar os recursos para ganhos financeiros, não para investimentos produtivos. Por isso a receita neoliberal simplesmente não funciona. É capitalismo extrativo.

O PIB mundial cresce cerca de 2% ao ano. Produzir bens e serviços exige muito trabalho. Mas os ganhos sobre as aplicações financeiras são da ordem de 7% a 9% ao ano, nas últimas décadas, sem exigir esforço algum. O capital corre naturalmente para onde rende mais. Temos inovações tecnológicas e potenciais produtivos que permitiriam generalizar o bem-estar, mas a lógica dos ganhos financeiros age em sentido inverso.

Educação é gasto? Quando você inscreve seu filho na universidade é "gasto" ou "investimento"? A diferença ilustra o absurdo de um sistema que no Brasil aumenta os lucros financeiros, que não dão retorno para a economia real, e trava os investimentos sociais, apresentados como "gastos". Investimentos em água e saneamento têm efeitos multiplicadores: um real investido gera quatro reais de redução de custos com doenças. Os investimentos na educação geram uma população mais produtiva, sobretudo nesta era de economia do conhecimento. O teto de gastos é, na realidade, um teto que trava a economia, um teto que nos impede de subir.

O PIB é, por óbvio, uma conta tecnicamente errada que, hoje, tornou-se, em essência, uma arma ideológica. É interessante pensar que as novas tecnologias permitem aumentar a produtividade e reduzir o PIB: por exemplo, não é mais preciso levar cartas para empresas e domicílios, as comunicações navegam por ondas eletromagnéticas de graça, reduzindo custos ao mesmo tempo em que a produtividade aumenta. E melhora a pegada ecológica. Estamos evoluindo para outro tipo de economia, e a atividade da economia dita "intangível" é pessimamente representada nas contas que fazemos. O estudo *O capitalismo se desloca* traz uma boa análise desses novos desafios – e oportunidades.

Muitos clamam pela necessidade de termos um projeto de país. As utopias são muitas, mas perdem sentido quando vistas pelo filtro das possibilidades reais, ou ainda nos dividem. Mais prático será considerarmos as nossas mazelas mais críticas, identificarmos as deformações mais óbvias e batalhar pelas mudanças necessárias. É concreto, realista e pode se apoiar na mobilização dos grupos sociais mais afetados pelas mazelas. No nosso caso, o combate à desigualdade e a proteção do meio ambiente estão na linha de frente.

. . .

O PAPEL DO ESTADO

Estranha democracia. Se queremos aplicá-la, distribuir a renda, gerar empregos, assegurar educação e saúde para todos, dão golpe. Pelo jeito, só podemos ter democracia se não a usamos. Na nossa história, só tivemos democracia como recreio, com tempo limitado, esperando o próximo golpe das elites.

As pessoas são diferentes, mas não devem ser consideradas desiguais. Há os mais fortes e os mais frágeis, os que nasceram privilegiados ou pobres, as crianças e os idosos, os que estão em regiões mais ricas ou mais desprovidas, mas os direitos são os mesmos. Restaurar o equilíbrio, em particular, dando chances mais equilibradas à partida, é vital para uma sociedade que funcione. Os machões da sobrevivência do mais forte gritam que assegurar saúde, educação, segurança, renda mínima e semelhantes gera um "*nanny State*", um "Estado-babá". Veem a vida como um palco de luta, de preferência com todos armados. Outros, no entanto, em vez da luta, preferem o prazer da vida, a riqueza do convívio, o sentimento de fazer coisa útil. O Estado precisa, sim, assegurar uma base de vida digna para todos. Só um imbecil não consegue imaginar o que é uma mãe não poder comprar um remédio para o seu filho.

A perda de governança resulta em grande parte do fato de a economia hoje operar em escala global enquanto a política opera em escala nacional. E também do fato de as tecnologias avançarem tão rapidamente enquanto nossa capacidade de organização social e política evolui muito mais lentamente. Cada um de nós tende a buscar soluções para si mesmo, enquanto os problemas são cada vez mais estruturais e dependem de iniciativas de conjunto. Tornamo-nos sistemicamente disfuncionais. A perda de governança em todos os níveis constitui um desafio central, é só olhar o mundo ao redor.

O neoliberalismo vive denunciando a ameaça do Estado "gastão", opressor, controlador. Enquanto isso, expande-se o poder das grandes corporações, dos gigantes financeiros que controlam a mídia, apropriam-se das leis, travam as políticas sociais, generalizam a especulação improdutiva. Estamos olhando para o lado errado. Já leram *O Estado empreendedor*, de Mariana Mazzucato?

O dinheiro que vai para a base social dinamiza a demanda, o que estimula a produção que, por sua vez, amplia o emprego e gera mais demanda, criando um ciclo ascendente de desenvolvimento. O aumento da produção e do consumo de massa também amplia a receita tributária, o que permite financiar as políticas governamentais e ampliar o outro eixo de bem-estar da população, que é o acesso aos bens e serviços públicos, como saúde e educação e segurança. É uma prosperidade que se amplia. Inversamente, o dinheiro no topo da sociedade gera especulação financeira, evasão fiscal e déficit nas contas. O Estado, pela sua capacidade de dinamizar a demanda na base da sociedade, tem um papel central na promoção do uso produtivo dos recursos.

Grande parte da ineficiência do Estado resulta da penetração de interesses privados na alocação dos recursos públicos. A solução não está em "menos Estado", mas sim em maior transparência na alocação, tanto na esfera pública como na privada. As técnicas de gestão existem, basta aplicá-las. O financiamento corporativo das campanhas é um exemplo escandaloso, políticos literalmente comprados por grandes empresas. Corrupção legalizada que o STF levou 20 anos para notar, em 2015, que se tratou da violação do artigo 1º da Constituição, "todo poder emana do povo". Do povo, não da corporação.

Reduzir o processo democrático a um voto a cada dois ou quatro anos é ridículo. Instituições exigem informação livre, sistema regular de consultas, organização da participação cidadã. E mídia democrática, pois pessoas desinformadas se revoltam, mas não participam. Perde-se o principal regulador do funcionamento da sociedade. Assegurar que os interesses sociais tenham forma organizada de se expressar é vital para o Estado democrático, para pressionar tanto o Estado como as corporações.

Em 1996, em razão da Lei nº 9.249/1995, os lucros ou dividendos distribuídos passaram a ser isentos de impostos; no mesmo ano, com sistema de taxa Selic elevada, começam as grandes transferências do dinheiro dos nossos impostos para os grupos financeiros. Em 1997, a lei autorizou financiamento corporativo das campanhas, literal compra de políticos, situação que durou até 2015. Com a PEC 53/1999, transformada em Emenda Constitucional em 2003, o artigo 192º que regulava o sistema financeiro e controlava a agiotagem bancária foi revogado. A oligarquia financeira recebeu as chaves do Brasil: apropriaram-se da política, tornaram-se isentos de tributação, passaram a receber do governo o dinheiro dos nossos impostos e, de quebra, permitiram que cobrassem os juros que quisessem. Em 2021, receberam o Banco Central de presente, em nome da autonomia. Este é o marco institucional da deformação política generalizada. Pobre Constituição de 1988.

O bom político é aquele que tem representatividade, não só capacidade técnica. Para a execução, existem os técnicos. Os rumos têm de ser traçados por pessoas que representam a identidade, os sentimentos e interesses sociais diversificados. As mulheres e os negros constituem o enorme déficit democrático. O que esperar de um Congresso ou de um Judiciário de homens brancos e ricos?

A empresa se organiza para o próprio lucro. O setor público é mais eficiente em assegurar bens públicos. Saúde privatizada vira indústria da doença, educação com fins lucrativos vira indústria do diploma. Segurança privatizada vira milícia. Políticas sociais públicas e universais constituem o melhor caminho para a democratização da sociedade. Para produzir sapatos e automóveis, o setor privado é mais eficiente, mas dentro de parâmetros de responsabilidade social e ambiental. Não se trata de ser contra o público ou o privado, mas de entender melhor a combinação e os equilíbrios necessários: que forma de organização é mais adequada segundo os setores. Leia *O pão nosso de cada dia*.

É costume achar que a empresa produz e que o Estado gasta, narrativa muito repetida. A realidade é que a empresa não pode existir sem o sistema público que assegura o investimento nas pessoas.
A Finlândia generalizou não só o ensino público gratuito, como uma política nacional de elevação do nível científico-tecnológico. As empresas se tornaram mais competitivas; o país, mais igualitário no acesso às oportunidades. Todos ganham. Atacar as políticas públicas constitui um tiro no próprio pé. A empresa que contrata um administrador ou um engenheiro já formados capitaliza anos de investimento das famílias e do Estado.

A prosperidade das famílias depende de rendimentos diretos como o salário, mas também de rendimentos indiretos sob forma de acesso gratuito e universal à saúde, educação, segurança e outros bens públicos e de consumo coletivo. E também aos bens da natureza, como praias, rios limpos e semelhantes. E tempo para aproveitá-los. É muito mais do que só dinheiro no bolso. Economia que funciona equilibra o conjunto.
O acesso universal gratuito aos serviços básicos é o que há de mais eficiente em termos econômicos e de mais decente em termos de valores. Precisamos democratizar o sistema público, não reduzi-lo.
A demagogia do Estado mínimo faz pouco sentido e aumenta os custos. Já pagou o seu plano de saúde?

—

As pessoas tendem a subestimar os bens públicos e buscam maximizar os bens privados. A rua é um bem público, o meu uso não impede o seu uso por outros. Um parque é acessível a todos, ainda que não aumente o PIB, aumenta o bem-estar que, por acaso, é o objetivo a que visamos na vida. Uma sociedade enriquecer não é só produzir mais bens e serviços, é também generalizar os bens públicos de livre acesso. É um equilíbrio que temos de resgatar. Elinor Ostrom traz ótimas ideias sobre a gestão de bens de uso comum, Nobel merecido.

—

Quem produz boneca Barbie diz ser "produtor" ao gerar bens, empregos e impostos. Correto. E o imposto permite investir em educação, saúde, segurança, infraestrutura. Também correto. Mas a guerra contra o Estado não faz sentido. A economia precisa de mão de obra bem formada, com saúde, meio ambiente preservado, bons sistemas de transporte. O que faz sentido é melhorar a justiça na captação, a eficiência na gestão e o equilíbrio na alocação. O resto é simplificação ideológica.

—

Infraestruturas públicas e gratuitas de lazer são simplesmente mais produtivas. No Canadá, em vez de uma família manter uma piscina própria (que vive vazia), todas as escolas têm piscinas abertas para a comunidade. Isso gera convívio social, custos baixos porque distribuídos entre muitos usuários, melhor saúde, qualidade de vida. Para o jovem, em particular, uma grande melhoria de interações. Aqui na rua ele faz o quê? Não se trata de gasto, e sim de investimento na sociedade.

Os nossos impostos são os maiores do mundo? Isso é repetido na mídia porque soa bem e ninguém sabe como são os impostos no resto do mundo. Nossa carga tributária é de 34% do PIB, sendo que 6% do PIB (mais de 300 bilhões de reais) são diretamente recuperados pelos bancos e outros intermediários por meio dos juros sobre a dívida pública. Nos países desenvolvidos, a carga tributária é superior, mas redistribuída, enquanto a nossa política tributária aumenta a desigualdade.

O nosso objetivo no sentido amplo é ter qualidade de vida e de maneira sustentável. Consumir mais para gerar mais emprego só faz sentido se o que produzimos é útil. No raciocínio atualmente dominante, até desperdiçar é bom, pois gera emprego. Mais esforço para produzir mais inutilidades não faz sentido. Quantas inutilidades acumuladas, quantos alimentos desperdiçados, quantas horas perdidas no trânsito, quanto tempo de vida que se esvai? Melhor é produzir coisas úteis de maneira sustentável, racionalizando os processos. E reduzir a jornada de trabalho, para que todos tenham emprego e mais tempo livre para viver.

Trata-se de qualidade do crescimento, não só de quantidade. Além de quanto produzimos, precisamos ver o que produzimos, para quem produzimos e com que custos ambientais. Milhões de toneladas de inutilidades entulham nossos armários e garagens, acumulam-se nas lojas, gastando energia e recursos naturais. Geram emprego? Educação, saúde, saneamento, arborização, manutenção urbana, hortas no cinturão verde das cidades também geram emprego, e mais: geram qualidade de vida e não destroem o meio ambiente.

Demagogia do "Estado enxuto": é ridículo achar que se diminui a burocracia estatal reduzindo o número de ministérios. As funções são simplesmente realocadas em outros ministérios, agigantando os que as absorvem. Melhor ter ministérios mais enxutos com especificações mais definidas de funções. Ao pensar o Estado nos vem à cabeça o burocrata, o paletó na cadeira. Esquecemos dos professores, enfermeiros, médicos, policiais, estatísticos, pesquisadores.

Entre 1991 e 2012, a nossa expectativa de vida aumentou de 65 para 75 anos. Temos agora dez anos a mais para reclamar da política. Os maiores avanços na nossa longevidade foram devidos ao aumento de renda na base da pirâmide; em particular, ao acesso aos bens de consumo coletivo como saneamento básico e água limpa, vacinas, educação e semelhantes. Trata-se em grande parte de políticas públicas muito necessárias.

Todos os grandes bancos se organizam para facilitar a evasão fiscal; os afortunados agradecem. Os políticos estão no mesmo barco, os juízes ajudam. Quem vai se opor? Os *clusters* de poder tornam-se cada vez mais sólidos à medida que se articulam, inclusive na dimensão internacional. Na mesma proporção, os indivíduos perdem capacidade de influenciá-los.
Os indivíduos podem ser muitos, centenas de milhões, mas os seus interesses são difusos e dispersos. Quem conseguirá mexer no sistema de interesses minoritários, mas articulados, precisos e pontuais? Temos de resgatar a dimensão pública do Estado, tirar as corporações de dentro dos ministérios, do Congresso e do judiciário. Não é diminuir o Estado, é resgatá-lo, recuperar a sua dimensão pública.

O Estado pode assumir gastos que grupos privados não se interessariam em realizar, por exemplo, dragar um rio e torná-lo navegável. Toda a região e as propriedades ribeirinhas terão vantagens com a redução de custos de transporte e de produção. As motivações do público e do privado são diferentes, mas as iniciativas são complementares. O lucro de um resulta do investimento do outro. E é "gastança" do Estado? Em termos técnicos, o investimento público gera "economias externas": externas à empresa, mas internas à sociedade. Vejam as redes ferroviárias da Europa ou da China. Precisamos de equilíbrio.

As privatizações são um escândalo. O Brasil tinha desenvolvido a cadeia técnica completa do petróleo, as tecnologias, as plataformas, a extração, o refino, a distribuição, a petroquímica. Assegurava energia barata, e os lucros serviam para financiar políticas sociais e infraestrutura. Hoje, em grande parte privatizada, a Petrobras rende dividendos para acionistas nacionais e internacionais, gerando inflação e empobrecendo o país. Os bens naturais precisam servir aos interesses do país. Alguém "produz" petróleo? É extração, como é extração e dreno de riquezas nacionais a atividade da Vale e de tantos outros grupos privatizados. E não pagam impostos: com a Lei Kandir, de 1996, produção para a exportação é isenta. É dreno.

Por mais que se critique o Estado, é graças a ele que se contêm o caos e o vale-tudo social, é pelo seu desmonte que o Brasil afunda. Basta ver os Estados em situação de falência, hoje contabilizados como mais de 30 no mundo, como a Guatemala e tantos outros. E, por outro lado, os países nórdicos, o Canadá e diversos países da Europa, a China, o Vietnã, onde o Estado é muito presente e impera a produtividade econômica e a paz social. Questão de bom senso, de equilíbrio. Temos de resgatar a função pública do Estado.

A DEFOR-
MAÇÃO
FINANCEIRA

A lógica macroeconômica não tem mistérios: quando no ciclo de produção, consumo, financiamento e reprodução, um agente, como hoje o intermediário financeiro, tira muito mais do que contribui, o ciclo se trava na mesma proporção. É como tentar encher uma vasilha que vaza.

Há usos dos recursos financeiros que aumentam a riqueza do país, por exemplo investimento produtivo privado, políticas sociais e investimentos em infraestrutura por parte dos governos. E há usos que a reduzem, por exemplo, pagamento de juros superiores à contribuição produtiva, dividendos superiores à expansão produtiva da empresa, especulação financeira, evasão fiscal e evasão de divisas para paraísos fiscais, todas atividades que rendem muito para quem as pratica, mas que reduzem a riqueza do país. São drenos.

Produzir e enriquecer se tornaram dois processos em grande parte divorciados. Passamos a ter uma grande divisão de classes entre os que têm capital para aplicar e os que não têm. Os que têm veem sua riqueza aumentar e se multiplicar dia após dia, quer trabalhem ou não. A massa da população, por outro lado, mal consegue fechar o mês sem dívidas. E os juros que a população paga, por causa das dívidas, alimentam justamente os donos do capital, cuja riqueza se multiplica a cada dia. A dívida extorsiva é parte essencial do capitalismo improdutivo.

A fórmula neoliberal, que consiste em baixar os impostos dos mais ricos, desmantelar os investimentos públicos, privatizar bens públicos e desregulamentar a iniciativa privada para "incentivar" os investidores e "liberar" a economia, não funciona. Hoje, a maior parte dos ricos direciona seus recursos para ganhos financeiros, não para investimentos produtivos. Por isso a fórmula neoliberal não funciona: ela trava a economia ao drená-la de recursos. São 40 anos de neoliberalismo que se revelaram um desastre. Capitalismo parasitário, como o chama Zygmunt Bauman.

Um mistério: com tantos avanços tecnológicos, como a economia avança tão pouco? A resposta é simples. Em vez de serem reinvestidos, os lucros captados são desviados para aplicações financeiras. Nos EUA, calculam que apenas 10% do que os bancos retiram são investidos na produção. Riqueza para o 1%, e relativa estagnação mundial. A China? Finanças públicas e descentralizadas a serviço da economia. Também na Alemanha e em outros países que canalizam os recursos financeiros para investimentos na produção, e o sistema funciona.

Renda (*income* em inglês) resulta de atividades produtivas. Renta (*rent*) "é riqueza obtida não por meio de atividade que gera valor econômico, mas extraída de outras pessoas" (Stiglitz, *Rewriting the Rules of the American Economy*, p. 14). No Brasil, os altos juros e dividendos criaram uma imensa classe rentista. Produzir é trabalhoso, ricos preferem viver de rendas. E a palavra "renta" (*rent* em inglês, *rente* em francês) sequer existe em português. Minha sugestão para o *Aurélio*.

É diferente o lucro do empresário que gera produto
adicional na economia e o vende com ganhos do
lucro que resulta do travamento de acesso aos bens
existentes, com a chamada economia do pedágio:
é o parque privatizado, a praia exclusiva, o crédito
cartelizado com juros extorsivos, o oligopólio da
telefonia, a extorsão praticada pelos planos de
saúde e assim por diante. Há capitalismo produtivo
e capitalismo de atravessador, improdutivo.
Há capitalistas que vivem do trabalho, e os que
vivem de trabalho dos outros. Quem manda hoje
são os rentistas. Vejam *Os donos do dinheiro:
o rentismo no Brasil*, da Fundação Perseu Abramo.

Enquanto a aplicação financeira render mais que
o investimento produtivo, o dinheiro será desviado
da produção para aplicações lucrativas, mas
improdutivas. O rentista ganha dinheiro de mão no
bolso, em detrimento de quem produz. Taxar os ganhos
sobre dinheiro improdutivo estimularia investimento e
crescimento: o "vai trabalhar, vagabundo!" precisa ser
redirecionado.

Os bancos no Brasil trabalham com um volume de
empréstimos relativamente pequeno, mas com juros
extorsivos, tanto para pessoa física como jurídica.
O caminho é ganharem com margens menores sobre
um volume maior. Estão estrangulando a economia.
Os crediários comerciais, empresas de cartão de crédito,
planos de saúde e outros entraram na mesma lógica.
A economia está na mão de intermediários, não mais
dos produtores. É um capitalismo diferente. Marjorie
Kelly e Ted Howard chamam de capitalismo extrativo.

A partir de certo nível de endividamento público, não estamos mais emprestando ao governo para financiar políticas públicas: estamos financiando com os nossos impostos os juros que o governo transfere aos detentores da dívida. É a privatização dos nossos impostos. Com a pandemia, repassam os recursos diretamente para os bancos. O dinheiro "ficou empoçado nos bancos", lamenta o ministro da Economia, ex-banqueiro. A justificativa da elevação dos juros sobre a dívida pública é "combater a inflação", mas se trata de repassar mais recursos para os donos da dívida.

O Bolsa Família custava cerca de 30 bilhões de reais. O "bolsa banqueiro" é mais de 10 vezes maior: 310 bilhões transferidos em 2019 sob forma de juros sobre a dívida pública. E mais do dobro em 2020. O Bolsa Família dinamizou a economia pela demanda gerada, os juros sobre a dívida pública geram fortunas financeiras e recessão. Não é a "gastança" que originou e perpetua a crise, mas sim a gigantesca transferência dos nossos impostos para os rentistas. Navegamos na desinformação, na mentira.

Perca o medo dos números relativos aos recursos financeiros do país. Em 2020, o PIB do Brasil foi de 7,5 trilhões de reais, resultado do esforço de todos nós. Agora imagine se, para dinamizar a produção, pudéssemos contar também com os 2,5 trilhões que os mais ricos detêm em paraísos fiscais, dinheiro que não é investido e que não paga impostos. São 80 anos de Bolsa Família. Ter em mente que 750 bilhões representam 10% do PIB ajuda a compreender, por exemplo, o tamanho dos 570 bilhões anuais de evasão fiscal. Tudo isso é dinheiro que deixa a economia real, produtiva, entra na esfera das aplicações financeiras. O *Estadão* de domingo, 18 de dezembro 2016, trouxe a imensa manchete: *Crédito tira 1 trilhão de reais da economia real*. Foram 16% do PIB esterilizados, em um ano, travando o consumo das famílias e o investimento empresarial. Apenas juros, sem reduzir a dívida. A conta não é complicada, apenas grande. Fica mais claro entender que tirar 100 bilhões ao ano da previdência, como grande solução para o déficit, é uma farsa. Mas tirar dos idosos é mais fácil do que tirar dos rentistas.

As cobranças nesta era do dinheiro imaterial, simples sinal magnético, podem ser feitas em gigantesca escala sem custos de transação significativas para os intermediários, instituição bancária ou outros. Minitarifas sobre chamadas telefônicas, taxas sobre o pagamento com cartão, sobre a transferência sob forma de DOC, tudo isso representa pequenas somas individualmente, mas que são cobradas sobre cada uma das dezenas de milhões de transações diárias. O mingau comido pelas bordas somos nós. E haja colheres. Só nas tarifas os bancos financiam uma vez e meia a folha de pagamento dos seus funcionários. Sim, o Dieese fez o cálculo.

O dinheiro tem de ir para onde se torna produtivo. A riqueza dos muito ricos, ao ser desviada para aplicações financeiras em vez ser investida na produção de bens e serviços, recompensa os improdutivos. Taxar capital improdutivo os levaria a buscar uso produtivo para o seu dinheiro. Todos ganhariam. Lógica econômica elementar. Piketty e tantos outros apresentam a proposta. Não é falta de saber o que deve ser feito, é falta de poder. Veja *A reforma tributária necessária*, no meu site. Está tudo lá.

O dinheiro pode ser muito produtivo. Tudo depende de quem dele se apropria e com que fins. A imensa melhoria de qualidade de vida, aumento de consumo e consequente dinamização da economia entre 2003 e 2013 foram gerados por alguns pontos percentuais do PIB investidos na base da população. Os 56 milhões que melhoraram de vida com o Bolsa Família custaram 0,5% do PIB. Não é custo, não é gasto, é investimento nas pessoas, inclusive pela dinamização do emprego e aumento da frequência escolar. O dinheiro é muito mais produtivo quando vai para a base da sociedade. Sim, já falei isso, mas "como é difícil explicitar o óbvio", como me disse Luis Nassif.

A TV "lhe oferece" este programa? Não. Ele é pago pela publicidade, cujo custo é incorporado nos produtos que você compra. Sai do nosso bolso. Você paga para que lhe convençam a comprar mais. Paga, inclusive, a publicidade que interrompe o filme para lhe convencer. E você fica grato. O Facebook, o Google e outros são gratuitos, e geram fortunas aos acionistas. São simplesmente custos incorporados nos produtos que compramos e que geram imensas fortunas.
É imposto indireto. De algum lugar o dinheiro sai.
Na BBC inglesa, você paga uma pequena taxa e tem programas de alta qualidade e sem publicidade.
Sai muito mais barato, e não trava a inteligência.
E os jornalistas não ficam proibidos de apontar desmandos corporativos.

Quando você faz uma compra de 100 reais à vista no cartão, na modalidade crédito, descontam 100 da sua conta, mas creditam 95 para o comerciante. O banco ganha 5% de todas as compras nessa modalidade. O seu custo operacional é da ordem de 20 centavos por transação. Um custo-benefício de 1 para 25, sem esforço, e que sai do nosso bolso. O banco agradece e diz que a culpa é do imposto. No Canadá, pagamento com cartão gera um custo fixo de 6 centavos de dólar, no Brasil, 5% do valor da compra. Por que porcentagem? O custo para o banco é o mesmo para uma compra de 10 ou de 100 reais!

O custo da compra à vista no cartão, modalidade crédito, é de 5% do valor da compra, 13 vezes mais do que era a CPMF, que era de 0,38%. E você ainda paga o cartão, o comerciante paga o aluguel da maquininha. Vem tudo incorporado no preço, a publicidade do cartão também. Na modalidade débito da compra à vista, o banco cobra 2,5%. Numa compra de 100 reais, são 12,5 vezes o custo de operação do cartão. Custo-benefício fabuloso. E tentam proibir o comércio de dar desconto no pagamento em dinheiro. Não querem perder a mamata. Pedágio generalizado sobre milhões das nossas compras diárias.

No caixa perguntam: O sr. tem cartão fidelidade? Ser fiel parece positivo, dá um tom de pertencimento. Na realidade, está mais para coleira. Permite conseguir descontos, é verdade; mas permite que o comércio eleve os preços, pois o cliente se tornou fiel. Armadilha perfeita. Não é mercado livre, são currais financeiros.

Nos indignamos quando o governo usa mal o dinheiro dos nossos impostos. Mas o dinheiro que está nos bancos também é nosso. Nos pagam uma merreca nas aplicações, mas praticam uma agiotagem nos empréstimos, em níveis que em outros países constituem crime. Na Alemanha, na Polônia ou na França, as pessoas controlam o que é feito com o dinheiro que depositam em caixas locais de poupança, bancos cooperativos ou ONGs financeiras. Não é só o uso do dinheiro público que deve ser controlado. Aliás, os bancos são os maiores beneficiários do desvio dos recursos públicos dos nossos impostos, através dos juros sobre a dívida pública e transferências pela pandemia.

A fraude em notas fiscais nas exportações e nas importações, por parte de corporações instaladas no Brasil, atinge 5 bilhões de dólares por ano segundo o Global Financial Integrity (GFI). Por exemplo, vendem a preço baixo para empresa laranja em paraíso fiscal e, com isso, apresentam lucro baixo no Brasil, pagando pouco imposto. Depois a empresa laranja revende a preço cheio, mas em país que não cobra imposto. O nome internacional é *transfer pricing*, ou *profit shifting*. Perdemos 2,5% do PIB ao ano só nessas operações. São 190 bilhões de reais, mais de 6 vezes o Bolsa Família. Um pouco de fiscalização não ajudaria?

Na Constituição de 1988, temos um capítulo intitulado Do Sistema Financeiro Nacional. Com uma emenda constitucional (PEC de 1999 e EC de 2003) liquidaram o artigo, passou a imperar o vale-tudo dos juros. Restou apenas a frase inicial do artigo 192º: "O sistema financeiro nacional, [será] estruturado de forma a promover o desenvolvimento equilibrado do país e a servir aos interesses da coletividade". Mas tiraram o parágrafo que rezava que "as taxas de juros reais... não poderão ser superiores a 12% ao ano; a cobrança acima desse limite será conceituada como crime de usura, punido, em todas as suas modalidades, nos termos que a lei determinar". A lei não determinou, os bancos mandaram tirar o artigo. Hermes Zaneti, no livro *O complô*, relata como foi.

A regulação financeira é essencial: as finanças não constituem um setor, são uma dimensão de todas as nossas atividades, sem os recursos não funciona a educação, não funciona a saúde, as famílias não têm como comprar, as empresas não têm para quem vender e assim por diante. Resgatar a utilidade da política financeira é essencial para todos os setores de atividade. Não precisa ser economista, basta ter bom senso. Uma economia parada, na mão de atravessadores, nacionais e internacionais. *Tutti buona gente.*

Estranha esta ligação entre o endividamento e a ética. Quando digo que "devo" dinheiro, uso a mesma raiz que "dever" no sentido moral. A própria palavra "dívida" tem essa conotação. Mas o banco que empresta tem todo o conhecimento dos riscos que assume ao conceder o crédito. Por isso existe a renegociação, ou o *write off* (cancelamento) ou ainda o perdão, por exemplo, o decretado pelo FMI para economias mais fracas. É negócio. O agiota não merece respeito moral algum. Nosso único dever é nos defendermos como podemos e denunciar a agiotagem.

As dívidas devem ser pagas? Primeiro, a dívida deve ser legítima. Segundo, o pagamento de juros sobre essa dívida deve se limitar à remuneração dos custos e ao lucro razoável de quem fornece o crédito. Acima disso é usura, agiotagem. Uma taxa de juros muito elevada não "deve" ser paga. Por isso se criou o conceito de usura e a figura do agiota. Não há nenhuma obrigação moral de sustentar a usura e de financiar agiotas. Lembrando que o dinheiro que está no banco não é dos bancos, é nosso.

Os bancos têm mais informação, as lojas de crediário têm mais informação. Chamam de "cadastro positivo". Sabem quanto você ganha e quanto dá para esticar a corda. Calculam o máximo de extorsão possível, no limite da quebra do cliente. Alongamento da dívida parece favor. Stiglitz obtuve o seu Nobel de economia mostrando como a desigualdade de informação entre os setores financeiros das empresas e o cliente deformam radicalmente as regras do jogo. No Brasil, ainda informam o juro ao mês, na cara dura, escondendo o juro composto.

Amyra el-Khalili traz uma distinção importante: se uma linha de crédito permite a uma costureira comprar uma boa máquina, trata-se de bom uso dos recursos. Mas se o juro sobre o crédito é superior ao que a costureira conseguir melhorar na sua produtividade, vai gerar dependência e exploração, bola de neve de endividamento. A taxa de juros economicamente útil não deve ultrapassar o nível de aumento de produtividade que o crédito permite. A partir de certo nível de juros, o crédito é contraprodutivo. Torna o cliente amarrado em dívidas sobre dívidas, versão moderna do que era o sistema "barracão" nas fazendas, que tornava o peão preso na dívida com o armazém local. Bauman tem razão: o banqueiro moderno detesta o bom pagador.

Acha Bolsa Família ou renda básica uma remuneração sem contrapartida de trabalho? Pois nessa categoria de ganhos não merecidos, *unearned income* em inglês, estão classificados os rentistas como banqueiros e inúmeros aplicadores financeiros. Estão aqui também os planos de saúde, os oligopólios financeiros, as telefônicas e outros que ganham sem proporção do que fornecem. Mas o tamanho da "bolsa" muda muito.

O cálculo da inflação é deformado pelo fato de que se faz o levantamento dos preços à vista, esquecendo que a grande maioria da população compra a prazo, pagando tipicamente o dobro do preço. Temos, assim, dois preços: o dos mais ricos, que compram à vista, e o da base social, que compra a prazo. A não inclusão dos juros nas pesquisas de preço gera uma imagem profundamente distorcida. Quem compra a prazo tem a sua capacidade de compra dividida por dois, como se tivessem cortado o seu salário. E os reajustes de salário são sobre a inflação, não incluindo os juros.

A economia precisa ser vista pelo ângulo dos resultados (*outcome*): o objetivo é o bem-estar humano. Os recursos no topo da sociedade não aumentam o bem-estar e travam a produção. Os recursos na base da sociedade geram muito bem-estar para milhões de pessoas e estimulam a economia pela demanda. O bom senso econômico exige redistribuição. É só fazer as contas dos resultados. Com 62 milhões de adultos "negativados", enforcados por dívidas, é a economia no seu conjunto que trava. Há oito anos estão "consertando" a crise que criaram. E estão aplicando o mesmo remédio que gerou a crise.

Não estamos sozinhos. Nos Estados Unidos, os bancos descobriram o endividamento estudantil. Os jovens sabem que não têm futuro se não investirem no diploma. Ellen Brown explica: "Jovens americanos não conseguem comprar casas porque arcam com a dívida estudantil, uma pedra que carregam e que atualmente representa 37 mil dólares por estudante, e que pesará durante uma média de 20 anos antes de ser saldada". Ao jovem disseram que ia ganhar muito dinheiro uma vez diplomado. Ellen Brown é ótima, veja *Banking on the People*.

Um empresário resumiu o absurdo: realmente, ficou mais barato eu contratar, mas para que eu vou contratar se o mercado está parado? A narrativa das elites foi enganadora: reduzindo os direitos dos trabalhadores, ou seja, barateando a mão de obra, as empresas poderiam contratar mais. Do ponto de vista do empresário individual, até faz sentido. Mas, em termos macros, a redução da capacidade de compra atinge a todos e, como constatamos, trava a economia.
O dinheiro que vai para o sistema financeiro, por meio de endividamento das famílias, das empresas e do Estado não pode, ao mesmo tempo, alimentar o poder de compra da população, o investimento empresarial e as políticas públicas. O rentismo afunda o país.
A etiqueta que puseram nisso é "austeridade", precisa parecer respeitável.

SOCIEDADE DA INFORMAÇÃO

—

O conhecimento é hoje o principal fator de produção. O seu uso não reduz o estoque, pelo contrário, o multiplica. O acesso aberto ao conhecimento se tornou a grande avenida para o desenvolvimento. Permite ao mesmo tempo o acesso e o compartilhamento. São novas lógicas econômicas, no quadro da economia do conhecimento. A revolução digital está transformando o planeta.

—

O conhecimento é imaterial. Uma ideia que passo para alguém continua comigo e amplia a riqueza geral sem custos. Base da economia colaborativa. O conhecimento é um bem comum. Vejam o estudo de Elinor Ostrom, Nobel de economia: *Understanding Knowledge as a Commons*.

—

A ciência econômica que herdamos está profundamente desajustada ante esta nova realidade. O conhecimento, sendo imaterial, viaja nas ondas sem custo. Mais pessoas usarem este conhecimento multiplica oportunidades. É a economia de custo marginal zero. Compartilhar e colaborar se torna mais produtivo do que competir. Vejam o livro de Jeremy Rifkin, *Sociedade com custo marginal zero*.

A sociedade do conhecimento e a era do acesso abrem espaço para dois caminhos: o gigantismo controlador das plataformas com monopólio por demanda — todos temos de usar as plataformas que os outros usam — e um imenso potencial de uma economia colaborativa radicalmente descentralizada. O controle do conhecimento, a tal da propriedade intelectual, está no centro do debate. Na era das plataformas, não é mais *o que é bom para a General Motors é bom para os Estados Unidos*, mas *o que é bom para a Google é bom para o planeta*.

A economia do conhecimento depende menos de uma hierarquia verticalizada e mais de redes de compartilhamento. A pesquisa fundamental desenvolvida nas universidades e instituições de pesquisa, os centros de desenvolvimento de tecnologias aplicadas, os espaços de aplicação final na indústria, na agricultura, na saúde, na educação — tudo isso depende de um processo colaborativo ágil e aberto, sem burocracias. Hierarquia vertical, ordens, obediência e competição tendem a ser substituídas por redes abertas e flexíveis de colaboração. A nova economia que se expande se sente mal dentro da estrutura verticalizada herdada do século passado.
As instituições estão na era analógica.

A conectividade é hoje planetária, logo todos terão computador, tablet ou celular. O principal fator de produção, o conhecimento, navega nesses meios sem custos, as ondas eletromagnéticas são da natureza. Formar comunidades de interesse constitui um grande espaço de sociabilidade e de trocas. São caminhos colaborativos em expansão. Um celular que permite captura e leitura de textos, artigos ou livros dá acesso a milhões de textos e livros de graça. A pesquisa da Unesco, *Reading in the Mobile Era*, mostra o enorme potencial de inclusão cultural no planeta e o seu uso por inúmeras crianças em regiões pobres.
A nova geração não se incomoda de ler na tela.
Mas a exclusão digital é um drama.

Transformações trazem oportunidades, mas também ameaças. A economia da atenção está se tornando uma questão de grande importância, na medida em que as tecnologias modernas tornam cada vez mais fácil e barato invadir o pouco que temos de pensamento livre e de momentos conscientes pessoais. As telinhas nos invadem por toda parte, as televisões invadiram toda sala de espera, e a invasão da privacidade aliada aos algoritmos permite que a apropriação do espaço consciente se dote de armas personalizadas. Já se estuda hoje a sobrecarga sensorial, em que somos incessantemente atacados com mensagens, perdendo-se o tempo de pensamentos soltos, de conversas livres, de trocas culturais ou de leitura, de reflexão aprofundada. Já se estuda o estreitamento patológico da atenção, em particular na nova geração.

As novas tecnologias estão permitindo a generalização dos sistemas que podemos chamar de microexploração. Com extrema facilidade, um banco coloca pequenas tarifas na conta de dezenas de milhões de clientes, gerando uma imensa massa de lucros sobre cobranças pequenas demais para que as pessoas busquem as razões. Qualquer pequena mensalidade, ou até gratuidade ("experimente um mês grátis"), leva a que uma massa de gente esqueça ou não encontre como se rompe a cobrança. Como o custo burocrático é maior do que o montante que nos tiram, na correria do dia a dia terminamos aceitando. Uma minoria vai reclamar, perdendo tempo, mas no conjunto, nesta era do dinheiro virtual, acessível no nosso bolso por meio da pequena tarja do nosso cartão, somos praticamente indefesos. Não precisam que venhamos ao banco, o banco está no nosso bolso. E drena.

As novas tecnologias e a economia do conhecimento deslocam o poder para os grandes intermediários, as chamadas plataformas: "Um produto digital intangível pode ser replicado e compartilhado um número quase infinito de vezes sem custos adicionais. Isso torna possível uma expansão comercial muito rápida. Pode também tornar mais difícil a proteção de direitos de propriedade. É em parte por isso que os grandes ganhadores são companhias que controlam as plataformas de compartilhamento de conteúdo, e não os produtores do conteúdo." (*The Guardian*, Haskel and Westlake, 27 dez. 2017.)

Enfrentamos uma revolução digital, que abre espaço para uma sociedade do conhecimento, o que por sua vez nos obriga a repensar a lógica da organização social. Os avanços no conhecimento, uma vez cobertos os custos iniciais, podem sem custos adicionais ser apropriados por todo o planeta, vetor fundamental do enfrentamento do mal maior que é a desigualdade, além das reconversões tecnológicas para reduzir o drama ambiental. Temos de deslocar a análise de como o passado se transforma para entender a lógica do futuro que se está se formando em torno da economia do conhecimento. É muito além da "indústria 4.0". Veja *O capitalismo se desloca: novas arquiteturas sociais*.

■ ■ ■

OS DESAFIOS DO TRABALHO

O maior potencial de riqueza do país é a sua mão de obra. Manter uma massa de pessoas na miséria, com precários serviços públicos, excluídos do aproveitamento do seu potencial criativo e produtivo, é burrice e trava o desenvolvimento. Distribuição de renda, formação, políticas sociais e inclusão produtiva: este é o caminho. Política de inclusão não é gasto, é investimento nas pessoas, e é o que mais rende para a própria economia. Vejam a Coreia do Sul, o Japão, a Finlândia e tantos outros.

O idoso se "libertar" do trabalho não é necessariamente a opção escolhida pelas pessoas que atingiram idade de aposentadoria. Hoje, com a fragmentação das famílias (3,1 pessoas por domicílio) e isolamento urbano, o trabalho passou a constituir, além da fonte de renda, a principal fonte de socialização, de pertencimento. Basta constatar a frequência de depressão e até enfartos com a repentina inatividade. Trata-se do direito às opções. Velhice não é sala de espera.

Trabalho não é sacrifício. Trabalho idiota, demasiado repetitivo ou mal pago constituem, sim, um sacrifício. O que fazemos tem de fazer sentido não só em termos de remuneração, mas de satisfação pessoal na boa execução e, sobretudo, em termos de sentimento de utilidade social. Pensar que se houver renda básica as pessoas deixarão de trabalhar é ignorância. Participar coletivamente da construção de coisas úteis estimula muito. Buscar coisas que façam sentido.

Antigamente, a pessoa dependia do seu esforço, de quanto plantava no campo ou colhia da natureza. Hoje, ganhar o pão exige um lugar no sistema. Amplas políticas públicas de geração de emprego são essenciais para as pessoas e para a paz social. Os 30% a 40% de desemprego jovem no planeta apenas geram violência e desespero. Se o sistema te exclui, o sentimento de impotência é terrível. O desafio não é a preguiça, e sim a organização das oportunidades.

Não há como fugir do fato de ser uma violência vergonhosa negar oportunidades para tantos jovens e apenas porque nasceram em lugar e meios social e econômico desfavoráveis. Castrar tantos potenciais, em nome do falso merecimento dos mais ricos, é mais que errado, é covarde. Meritocracia envolve chances iguais, regras de jogo justas. No Brasil, em 2022, temos 31% de jovens desempregados, e 47% que querem deixar o país. Quer desastre maior? Pátria amada?

Na agricultura familiar, cerca de 1,5 bilhão de pessoas produzem 70% da nossa alimentação mundial. A agricultura familiar intensiva tira mais de 100 reais de produto por metro quadrado. É jardinagem. Até a agricultura urbana se torna rentável. O agronegócio não é necessariamente um bom negócio. Com monocultura de soja, são necessários 200 hectares para criar um emprego. Na pecuária extensiva, que ocupa 160 milhões de hectares no Brasil, o emprego criado é simplesmente ridículo. O solo agrícola subutilizado no Brasil equivale a 5 vezes o território da Itália. E temos gente sem terra!

A solução óbvia para o duplo processo de robotização e automação por um lado — e, portanto, redução do estoque de empregos — e o envelhecimento da população que gera uma massa de pessoas com décadas de inatividade na velhice é a redistribuição do trabalho no tempo: redução da jornada para 35 horas, fazendo as pessoas trabalharem menos durante a sua vida adulta, ficando com mais tempo para a vida cultural e familiar; ao mesmo tempo que se estenderia o tempo de vida ativa na fase idosa, aproveitando inclusive conhecimento e experiência acumulados, qualidades essenciais na era da economia do conhecimento. Acrescentando a renda básica universal, gera-se a flexibilidade correspondente, e o sistema fica mais equilibrado.

Nesta era de profundas transformações no emprego e nas profissões, de mudanças tecnológicas aceleradas, de inevitável mobilidade profissional, além da transformação das próprias profissões, assegurar a renda básica é essencial, inclusive para permitir a flexibilidade e os ajustes econômicos necessários.
A rede de segurança social reduz angústias e facilita as transições. A angústia de ficar sem nenhum recurso para a própria família gera muito travamento e engessamento. Somos sociedades suficientemente prósperas e produtivas para assegurar o básico para todos e para construir a partir daí. Em inglês, associam a renda básica ao conceito de "*floor*", piso necessário para construir o seu próprio futuro.

É essencial pensarmos a qualidade de vida no trabalho. É mais da metade da nossa vida acordada. Não tem muito sentido aceitarmos qualquer coisa em nome da eficiência. Viver melhor nas longas horas de trabalho faz parte dos resultados que esperamos dos processos produtivos. Isso envolve desde condições de trabalho mais humanas até o sentimento de que o que fazemos faz sentido para o próximo, para a sociedade. Já é tempo de ultrapassarmos a visão de que é um tempo sacrificado simplesmente para podermos alimentar a família. E já há tantos exemplos de que a qualidade de vida no trabalho melhora a produtividade. A busca de "eficiência" está carente de inteligência social.

O desafio é muito maior do que a expansão da tecnologia, a robotização, a transformação das profissões e a substituição de trabalhadores por inteligência artificial. No Brasil de 2022, temos 148 milhões de pessoas em idade de trabalho (16-64 anos), mas apenas 33 milhões de empregos formais privados. Somando 11 milhões de empregos públicos, são 44 milhões razoavelmente empregadas.
De fora, estão 40 milhões de pessoas sobrevivendo na informalidade, 15 milhões no desemprego aberto, 6 milhões de desalentados, que desistiram de procurar. É uma subutilização estrutural do nosso principal fator de produção, cerca de 60 milhões de adultos marginalizados. Este sistema não funciona. Esperar que "os mercados" resolvam é idiotice: precisamos de uma articulação inteligente das políticas públicas, do setor privado e da sociedade civil organizada.

. . .

OS DESAFIOS AMBIENTAIS

A relação do ser humano com a natureza pode ser vista em três grandes fases: a era primitiva da sobrevivência submissa, com a busca de nichos no mundo como era; a era da domesticação e apropriação da natureza, caracterizada pela dominação tecnológica e crescentes impactos destrutivos; e a era do convívio inteligente, da sustentabilidade, cujas possibilidades apenas despontam: é a construção que temos pela frente.

São profundamente diferentes os interesses individuais ou pontuais, e os interesses coletivos são difusos. Trata-se de um conflito básico que exige maturidade cultural e sentimento de solidariedade. Pescadores em Teffé (região amazônica) organizaram uma cooperativa e se autolimitaram para não acabar com o peixe: é bom senso. Mas outros buscam o interesse pontual imediato e praticam a sobrepesca. No Brasil e no resto do mundo, todos falam em proteger a floresta amazônica, mas esse interesse difuso é impotente diante de interesses pontuais e penetrantes de madeireiras, plantadores de soja ou criadores de gado, que saberão corromper a justiça, comprar deputados, flexibilizar a legislação e continuar com a destruição. A capacidade de regulação de um Estado presente e representativo do interesse social mais amplo é essencial. Ter sólidas políticas públicas é vital para a nossa sobrevivência. A simples liberação do interesse individual, em particular com o poder tecnológico e financeiro das grandes corporações, é desastroso. Lembram da BP no Golfo do México? De Mariana? De Brumadinho?

Os cálculos relativos à mudança climática podem ser complexos, mas sabemos que as temperaturas estão subindo, não há controvérsias quanto a isso. É questão de termômetro, não de opiniões. Sabemos que as emissões geradas pelo homem contribuem. Mais difícil de avaliar é qual parte do aquecimento é devida ao homem e qual parte às mudanças naturais. De toda forma, agravar o que está acontecendo não faz sentido, assim as medidas preventivas se justificam. E se fosse tudo invenção acadêmica, como pretende um grupo de céticos? Bem, quando do ataque às torres em Nova York, justificaram as medidas duras e imediatas do *Patriot Act*, ainda que houvesse apenas 3% de chances de nova ameaça. E, aqui, as previsões são de mais de 90% de chances de ocorrerem mudanças catastróficas. Aliás, já estão acontecendo. O que queremos mais? Por trás do ceticismo, *lives* ou do negacionismo, estão interesses.

Em apenas 40 anos, entre 1970 e 2010, destruímos 52% dos vertebrados do planeta por matança e sobretudo destruição e contaminação do meio ambiente. *Homo sapiens*! Dados do WWF. A busca da sustentabilidade não é opção, é questão de sobrevivência para todos nós. Os insetos estão desaparecendo, fragilizando a polinização, afetando a produtividade agrícola. Bactérias poderosas e resistentes à medicação estão surgindo, fruto dos antibióticos que criadores colocam na alimentação dos animais, da própria destruição ambiental. Os produtores justificam, "é mais barato, mais produtivo". Os custos sistêmicos e desastres estruturais lhes parecem difusos e distantes. O ganho imediato domina.

As infraestruturas constituem importantes motores da economia ao dinamizar investimentos na construção e ao reduzir os custos para usuários. Mas a qualidade das escolhas é essencial: construir elevados urbanos, para ter dois andares de automóveis, em vez de ampliar o transporte coletivo gera mais custos para todos. A presença da visão sistêmica e de longo prazo é essencial, e isso envolve iniciativas públicas e planejamento.

A informação compartilhada representa um poderoso fator de racionalização. O tempo mécio de uso do automóvel particular é de uma hora por dia. Ou seja, compramos um carro a preço cheio, mas usamos 4% de sua capacidade. O carro tem 5 lugares, a ocupação média é de 1,3 pessoa, aproximadamente um quarto da capacidade. Em outros termos, pagamos preço cheio para usar 1%. E ocupam espaço de habitação ou de rua 24 horas por dia. Isso torna evidentes e compreensíveis todas as alternativas de compartilhamento, carros elétricos públicos em Paris ou em Recife, prioridade ao transporte público e semelhantes. Ter propriedade ou ter acesso obedecem a lógicas diferentes.

Que idiotice dizer que no Brasil se esgotou o potencial de dinamização da economia pelo consumo de massas. Pelo menos 150 milhões de brasileiros têm de aceder a um consumo mais decente, tanto com mais produtos como evoluindo da primeira compra para elevar o "patamar de demanda" em termos de qualidade (*upgrading demand*), além de maior consumo de serviços e de bens de consumo coletivo. E melhorar saúde, educação, cultura, lazer e segurança não gera problemas ambientais, pelo contrário. Viver melhor não precisa ser às custas do meio ambiente.

Somos praticamente 8 bilhões de habitantes. Em 1900, quando nasceu o meu pai — é o meu pai, não é pré-história — éramos 1,5 bilhão. E acrescentamos cerca de 80 milhões por ano, uma população como a do Egito. Ficar aguardando que "os mercados" resolvam os nossos problemas é ridículo: a humanidade chegou a um limiar em que temos as tecnologias, temos os recursos, conhecemos os desafios e temos até uma cartilha sobre como proceder, os Objetivos de Desenvolvimento Sustentável. O nosso problema não é econômico, é de organização política e social. Enfrentamos um tipo desastroso de impotência institucional. Temos de passar a enfrentar de maneira organizada desafios que são sistêmicos. Vivemos uma crise de civilização.

A FARSA DAS NARRATIVAS

A democracia em cheque: os políticos são eleitos com o dinheiro das empresas, cujos chefes não foram eleitos, como não foram eleitos os donos de concessões públicas de TV, nem os juízes que os defendem e se organizam em grupos corporativos. Poder político, poder econômico, poder midiático, poder judiciário sem escolha democrática. Cada vez mais pessoas se perguntam se o voto tem sentido. E inclusive votam de forma absurda, elegendo políticos que são "contra" a política. Fazer política em nome de ser contra a política é ótimo. Os oportunistas agradecem. *Homo sapiens*!

O sistema eleitoral vigente facilita a seleção negativa, do menos apto. Como explicar o nível de poder que alcançaram Eduardo Cunha, Sérgio Moro? Mas também José Sarney, ACM, os diversos Malufs da vida? A aberração Bolsonaro? Hitler ganhou as eleições na Alemanha. Donald Trump, nos Estados Unidos, apoiado por uma massa impressionante de pessoas racionais e diplomadas. Acedem ao poder os que têm muito dinheiro e poucos escrúpulos. Aparentemente, é limitado o espaço de pessoas capazes, mas normais. O processo tende a favorecer quem opta pelo vale-tudo. O poder perverte ou o processo favorece o pervertido? Mais do que nos concentrarmos na psicopatologia dos poderosos, temos de pensar como o sistema institucional favorece a sua subida. Temos de analisar racionalmente o poder da irracionalidade.

Quando você controla as leis, pode legalizar o roubo, a evasão fiscal, qualquer coisa. Vira lei. Em 1997, legalizaram o financiamento corporativo das eleições. Os representantes eleitos passaram a representar os interesses corporativos. O artigo 1º da Constituição, "todo poder emana do povo", foi para o espaço. Levou 18 anos para o STF, guardião da Constituição, se dar conta de que o princípio fundamental que sustenta a Constituição fora violado. Em 2015, restringiram o financiamento corporativo das campanhas, mas o mal já havia sido feito.

Fazer do PT o bode expiatório da corrupção é absurdo, mas permitiu desviar a atenção do caráter sistêmico da corrupção. A solução não está no show de algumas prisões, e sim na generalização da transparência, em particular dos bancos. Não há grande corrupção cujo produto não passe pelos bancos, inclusive o encaminhamento para paraísos fiscais. O sistema permanece, e agradece. Combater a corrupção é essencial. Usar esse combate como pretexto para ganhos políticos desmoraliza a própria justiça. Justiça caolha não é justiça, e prepara novos conflitos.
O BTG Pactual, de acordo com o *Valor Econômico*, tem 38 filiais em paraísos fiscais, número amplamente subestimado. Participam o ministro da Economia e o presidente do Banco Central (2019-22). Alguma medida?

A lógica financeira do golpe no Brasil não é complicada. O pretexto foi o déficit das contas públicas. "A boa dona de casa só gasta o que tem", foi a narrativa construída. Mas o governo Dilma apresentou um déficit máximo de apenas 2,1% em 2013, último ano de normalidade. Na União Europeia, déficit de até 3% é considerado normal. Em 2014, com o caos e boicote — inclusive disseram que Dilma poderia ganhar, mas não governaria —, o déficit chegou a 4,7%. Com os banqueiros no poder, o déficit explodiu: 8,6% em 2015, 7,6% em 2016, 7% em 2017, 6,2% em 2018. E a causa não foi o custo das políticas públicas, mas sim o pagamento de juros, essencialmente para bancos e rentistas da classe média alta: 186 bilhões de reais em 2013, 251 em 2014, 397 em 2015, 318 em 2016, 341 em 2017, 310 em 2018 e em 2019. Estão lavando a burra, em nome da austeridade. Com a pandemia, tudo se justifica, inclusive centenas de bilhões repassados para os bancos, em vez de famílias e empresas.

Um Senado eleito com dinheiro das corporações, processo já definido como inconstitucional pelo STF, tira do poder uma presidenta eleita por 54 milhões de eleitores. Isso é golpe parlamentar. O resto é teatro de aparência de legalidade. Neste Brasil golpista, os direitos dos trabalhadores e as políticas sociais estão sendo desconstruídos por um Congresso eleito pelo dinheiro das corporações. Elegeram um pervertido, outro golpe, com a prisão de Lula, que ia vencer as eleições. Golpe sobre golpe, afundando o país. É legal, em termos de contagem de votos, mas não é legítimo. E legitimidade, dimensão ética, é mais importante.

A deformação da mídia e a ideologização da comunicação não é só nossa. Amartya Sen, prêmio Nobel, comenta a dinâmica na Índia: "A mídia nos deixa entender que são as subvenções destinadas aos pobres que prejudicam as finanças públicas do país, ainda que as subvenções destinadas aos ricos sejam três vezes mais importantes". (Amartya Sen, "L'Inde, un voeu par jour"). Qualquer semelhança... No Brasil, é seguramente muito mais do que "três vezes".

As elites se convenceram de que as coisas só funcionam quando elas mandam. Mas não resistem a usar o poder para aumentar suas vantagens, elitizando ainda mais a economia. O enfoque não faz sentido, pois a questão é de uma governança que equilibre os interesses. O conceito de democracia econômica é central para que o conjunto da sociedade funcione. A partir de um grau de desigualdade não há democracia que funcione.

Não basta xingar os irresponsáveis no poder: temos de entender por que tanto lixo tende a subir. Em outros termos, entender por que geramos um processo de seleção negativa. Damos frequentemente o poder aos que menos deveriam tê-lo. A ascensão de um Hitler, de um Stálin, de um Mussolini, de um Franco foi possível porque houve quem os sustentasse, ou, no caso de Hitler, quem nele votasse. O que favorece a força da podridão? Mais do que força própria, o seu reconhecimento por gente pronta a assegurar o seu apoio. Um Trump foi eleito, o que é mais preocupante do que a personalidade do próprio. Como se criou o poder de um personagem como Eduardo Cunha, de um Moro, de um Temer? Dos Marinho ou dos Civita? Ou do personagem ridículo que nos governa? Estão afundando o país. Temos de sair das narrativas, voltar ao básico: organizar as políticas em função do bem-estar das famílias e da sustentabilidade.

■ ■ ■

AS LIÇÕES DA PANDEMIA

Ao terminarmos essas reflexões, a humanidade se extasia vendo um bilionário dar um passeio no espaço, mas está também vendo o sofrimento e a morte de milhões, porque não se consegue controlar um vírus que nem tem vida própria e que só podemos ver no microscópio.

Polarização absurda, entre os que priorizam defender a saúde e os que priorizam defender a economia. O vírus não se incomoda com as nossas brigas. No Brasil, os governantes privilegiaram a economia, o vírus agradeceu e se espraiou, travando a economia. O resultado é que não tivemos nem a proteção sanitária nem o crescimento econômico. Em política, tudo é instrumento.

A pandemia escancara a diferença entre saúde pública e sistemas privados. Para a medicina pública, o doente é um paciente. Para o sistema privado, é um cliente. Para o SUS, o objetivo é uma população saudável, menos doentes. Para o particular, é ter mais clientes. Onde funciona, em tantos países, a saúde é um serviço público, gratuito, de acesso universal.

A Pfizer, como outros gigantes farmacêuticos, viu os seus lucros explodirem com a pandemia. Ótimo produzir vacina, mas cobrar qualquer preço, quando se sabe que os governos vão ter de pagar, diante de uma tragédia humanitária é uma indecência. Os ganhos não foram para os cientistas, e sim para os acionistas. Os dividendos justificam qualquer coisa. As tecnologias da vacina estão baseadas nos imensos avanços da biologia, e em particular do genoma, que são planetários, financiados com recursos públicos.

Quais são os limites da propriedade intelectual e do seu congelamento em patentes? Com a pandemia, e milhões morrendo, generalizar o acesso, permitir a mais países produzirem vacina salvaria vidas. É correto assegurar o retorno sobre a pesquisa, e um lucro razoável, mas patentes de 20 anos, na era moderna, constituem um monopólio injustificável. Stiglitz e tantos outros mostram que hoje patentes travam mais do que estimulam a pesquisa e o desenvolvimento.

Entre brigas, preços de oligopólio e patentes intermináveis, a massa da população mundial continua sem vacina. Os cientistas repetem o óbvio: enquanto houver países com populações não vacinadas, o vírus vai continuar a se espalhar, surgirão novas cepas. O vírus não tem preferências nacionais. São as corporações e os seus políticos que as têm.

Em política tudo é ferramenta: as diferentes vacinas, de diferentes países, são escolhidas em função das opções ideológicas, com pretextos de superioridade técnica. Vacina russa, vacina chinesa, vacina cubana são vistas com suspeita no império: é o vírus político.

A pandemia, de certa forma, nos colocou diante do espelho, escancarou a desigualdade econômica e social, a destruição da natureza, a busca crua de vantagens financeiras imediatas, ainda que ao preço de tantas mortes. Nunca as ações da *Big Pharma* renderam tanto. No início de 2022 ainda tínhamos países que não chegavam a 1% de vacinados.

■ ■ ■

À GUISA DE CONCLUSÃO

Me contaram uma pequena história simpática. Imaginem que um bando de chimpanzés descubra uma imensa quantidade de bananas. Se um chimpanzé se apropriasse de quase tudo e deixasse o resto com fome, levaria uma surra e todo mundo comeria. Mas se fossem homens, o que se apropriou de tudo apareceria na capa da *Forbes*.

Vivemos uma dramática convergência de crises. A destruição ambiental, a desigualdade explosiva, o caos financeiro, a desagregação das democracias, a própria pandemia. É tempo de pensar com mais modéstia no que estamos aprontando, e no que poderíamos realizar. Temos os meios, os recursos, as tecnologias, é tempo de usá-los para o bem comum. É tempo de deixar de lado simplificações ideológicas, e buscar novos rumos. É uma crise civilizatória.

SOBRE O AUTOR

Ladislau Dowbor é economista
e professor titular de pós-graduação
da Pontifícia Universidade Católica
de São Paulo (PUC-SP). Foi consultor
de diversas agências das Nações Unidas,
governos e municípios, além de várias
organizações do sistema "S". Autor
e coautor de cerca de quarenta livros,
toda a sua produção intelectual está
disponível *on-line* na página dowbor.org.